Lektürehilfen

Voltaire
«Candide»

von Michel und Jeanne Charpentier

bearbeitet von Hans-Georg Bläsi

Ernst Klett Verlag für Wissen und Bildung
Stuttgart · Dresden
Editions Nathan, Paris

Reihe: Lektürehilfen Französisch

Die Deutsche Bibliothek – CIP-Einheitsaufnahme

Charpentier, Michel:
Lektürehilfen Voltaire, "Candide" / von Michel und Jeanne Charpentier.
Bearb. von Hans-Georg Bläsi. –
1. Aufl. – Stuttgart ; Dresden:
Klett, Verlag für Wissen und Bildung, 1992
(Reihe Lektürehilfen Französisch)
ISBN 3-12-922406-8
NE: Charpentier, Jeanne:; Bläsi, Hans-Georg [Bearb.]

Ernst Klett Verlag für Wissen und Bildung GmbH, Stuttgart
1. Auflage 1992

Druck: Wilhelm Röck, Weinsberg
Einbandgestaltung: Hitz und Mahn, Stuttgart
ISBN 3-12-922406-8

Inhalt

Vorwort

Man stelle sich vor, es komme einer daher und unterwerfe die Menschen und ihre Lebenswelt im ausgehenden 20. Jahrhundert einer systematischen Kritik: die sinnlosen Kriege etwa, der Hunger in der Welt und das Wohlleben der wenigen reichen Länder, die leichtsinnige Zerstörung der Umwelt, die Verirrungen des menschlichen Zusammenlebens bis hin zu den oft dummen Modetorheiten, die unser Leben bestimmen – dann hätte er das geleistet, was Voltaire für das 18. Jahrhundert mit seinem «Candide» vollbracht hat.
Selten wurde der Wahnsinn und auch die Dummheit des Krieges deutlicher gemacht, als in dieser Erzählung von Voltaire. Erstaunlich, mit welchem Scharfblick er Sklaverei, Leibeigenschaft, Vorurteile, Prostitution, religiösen und philosophischen Fanatismus analysiert und anprangert, die menschliche Gier nach materiellen Genüssen als Verirrungen enthüllt und der Lächerlichkeit preisgibt. Oft kann man nur staunen; da stehen Sätze, die uns tief betroffen machen.
Dabei haben wir es aber nicht mit einer trockenen theoretischen Abhandlung zu tun, denn Ideen und Mächte haben menschliche Gestalt angenommen, sie handeln und sprechen, im Fall von Pangloß eher zu viel, und versuchen so, den Helden der Erzählung für sich zu gewinnen. Dank der Pangloßschen Erziehung hat dieser den Kopf zunächst voller metaphysischer Hirngespinste. Im Lauf der Erzählung konfrontiert nun Voltaire seinen Helden mit einer aberwitzigen Folge von Schicksalsschlägen, die Candide schließlich zu einer Abkehr von diesen leeren Vorstellungen bringen. Und das alles in einer Sprache, die leichtfüßig daherkommt und alle Register beherrscht: die feine Ironie, den beißenden Spott, den verletzenden Hohn, die derbe Komik, den geistvollen Witz und den knallharten Realismus.
Und was bleibt, nachdem sich alle Ideale und Idole als lächerlich, brüchig und verlogen erwiesen haben? Ein paradiesisches Leben wie in Eldorado ist nicht möglich; die Berge, die dieses Land umgeben, erlauben keinerlei Zugang. Auch das andere Extrem, so wie es der Derwisch vertritt, kann für unseren Autor keine Lösung darstellen. Voltaires Rat im Schlußkapitel mag manchen etwas simpel erscheinen, hat aber den Vorteil, auf gelebter Erfahrung zu beruhen. Man

denke an seinen unermüdlichen Einsatz für die Bauern in Ferney, seinen lebenslangen Kampf gegen Aberglauben und Fanatismus oder, auf dem Höhepunkt seines Ruhms, sein couragiertes Eintreten für zu Unrecht verurteilte Menschen, ganz im Sinne der erst später von der Revolution formulierten Menschenrechte. Am Beginn der Erzählung stand das Schloß in Westfalen, wie sich gezeigt hat, nur scheinbar ein Paradies; am Ende erscheint das Bild einer kleinen Gesellschaft am Marmarameer, die ganz der Voltaireschen Lebensweisheit lebt: In der Arbeit für sich und die Mitmenschen liegt der Sinn des Lebens.

Den Schülern kann das vorliegende Werk auf dreifache Weise von Nutzen sein: Neben kurzen Zusammenfassungen der einzelnen Kapitel stehen ausführliche Analysen zu Inhalt und Sprache, die alle Anforderungen der reformierten Oberstufe abdecken oder sogar darüber hinausgehen. Dabei wurden auch die nötigen Sachkommentare nicht vergessen.
Als Einstieg in die Lektüre eignet sich gut der „Sommaire" auf Seite 15 sowie die Vorstellung der Personen (S. 17–19). Daran könnte sich das Studium der einzelnen Kapitel anschließen, wobei den Kapiteln 1–6, 18, 29–30 besondere Bedeutung zukommt.
Zum besseren Verständnis des Textes finden sich im Anhang ein kleines Lexikon philosophischer Begriffe, ein Verzeichnis der wichtigsten Personen sowie umfangreiche Worterklärungen, die ein flüssiges Lesen gewährleisten.
Ausführliche Angaben zur weiterführenden Lektüre ergänzen den schulpraktischen Teil.

La vie de Voltaire

À L'ÉCOLE DES JÉSUITES ET DES LIBERTINS

François-Marie Arouet est né en 1694 dans un milieu bourgeois aisé et janséniste de tradition. Il assiste au déclin de Louis XIV alors qu'il effectue de brillantes études chez les Jésuites du collège Louis-le-Grand. Profondément marqué par ses maîtres, qui allient l'humanisme classique à l'esprit chrétien, Voltaire a souvent reconnu, non sans malice, que les Jésuites l'avaient fait tel qu'il était et avaient encouragé son goût du théâtre, sa vocation poétique et son intérêt pour l'histoire.

Le jeune Arouet s'émancipe au sortir du collège, néglige ses études de droit, part pour la Haye comme secrétaire d'ambassade et s'y éprend d'une jolie huguenote. L'ambassadeur le renvoie à Paris où il fréquente les milieux aristocratiques et dépravés de la Régence. Déjà introduit dans la Société libertine du Temple par son parrain, l'abbé de Chateauneuf, il vole de château en château et fait sienne la philosophie épicurienne de ses protecteurs, fondée sur l'apologie du plaisir et l'idée déiste que la nature est bonne parce qu'un Dieu bon l'a créée.

DES MÉSAVENTURES À L'EXIL

Ses écrits satiriques sur les amours incestueuses du Régent le font exiler en 1716 à Tulle, puis à Sully-sur-Loire. Il récidive et on l'enferme pour onze mois à la Bastille où il commence un poème épique à la gloire de Henri IV. Libéré, il adopte le nom de Voltaire, anagramme d'Arovet Le Ieune et sa première tragédie, Œdipe, connaît un beau succès. La suspicion du pouvoir le contraint à s'éloigner : on le fête comme poète mondain à Sully, à Vaux, à Richelieu, à Ussé, à la Source où il se lie avec Lord Bolingbroke, le leader alors exilé du parti tory ; il voyage en Belgique et en Hollande, sans négliger d'arrondir sa fortune dans diverses spéculations financières.

Reçu à la Cour, il donne trois pièces de théâtre pour le mariage du roi Louis XV et reçoit une pension. Le voilà tout près d'être le poète officiel qu'il a toujours rêvé de devenir. Mais en 1726, bâtonné par les domestiques du chevalier de Rohan à la suite d'un incident dans la loge de la comédienne Adrienne Lecouvreur, il réclame vainement justice. Une lettre de cachet l'envoie à la Bastille, puis il est exilé en Angleterre. Son ami Lord Bolingbroke l'y accueille, il y connaît Swift et Pope, assiste aux funérailles grandioses de Newton et découvre avec enthousiasme un régime de liberté.

LA GLOIRE DE L'ÉCRIVAIN

La publication en 1728 de *La Henriade*, épopée sur la fin des guerres de Religion, permet à Voltaire d'être consacré comme le grand poète de son temps tout en exprimant ses préoccupations religieuses, ses idées politiques monarchistes et son anticléricalisme. Revenu à Paris, il voit avec horreur le sort réservé à Adrienne Lecouvreur dont le corps est jeté à la voirie (1730). Le gouvernement interdit l'impression de son *Histoire de Charles XII*, qui passe dans la clandestinité des colporteurs. Mais Voltaire apparaît, avec l'éclatant triomphe de *Zaïre* (1732), comme le successeur de Corneille et de Racine, puis il affirme son indépendance en matière de critique littéraire avec le *Temple du goût* (1733).

Enfin achevées, les *Lettres philosophiques* (1734) de Voltaire sont condamnées au feu, et leur auteur à la Bastille. Il se réfugie alors en Lorraine à Cirey dans le château de Madame du Châtelet, où il s'adonne à des expériences de physique et s'oriente vers la philosophie scientifique. De retour à Paris, il publie la satire du *Mondain* (1736). Sa dérision provocante du rigorisme chrétien fait scandale et l'oblige à s'exiler quelques mois en Hollande. C'est l'occasion de ses premières relations épistolaires avec le prince royal de Prusse, le futur Frédéric II, et de sa première rencontre avec la comtesse de Bentinck qu'il retrouvera plus tard à la Cour de Berlin, puis aux Délices. L'orage passé, Voltaire revient à Cirey, d'où il publie son *Traité de métaphysique*, les *Éléments de la philosophie de Newton*, les *Discours en vers sur l'Homme* et un *Essai sur la nature du feu*. Les premiers chapitres de son *Siècle de Louis XIV* sont saisis l'année suivante : Voltaire reste suspect depuis l'affaire du *Mondain*. Comme tous les philosophes, il se tourne alors vers le théâtre : ses tragédies deviennent politiques, mais *Mahomet ou le Fanatisme*, créée à Lille, est interdite à Paris en 1742 dès la troisième représentation.

Le comte d'Argenson, devenu ministre en 1744, rappelle Voltaire à Paris. Protégé par Madame de Pompadour, l'écrivain triomphe à la Cour : historiographe du roi, gentilhomme ordinaire, élu à l'Académie française, il célèbre les fastes du règne avec un poème sur *la Bataille de Fontenoy* et réussit même à faire accepter la dédicace de *Mahomet* par le pape Benoît XIV.

DE DÉCEPTIONS EN DÉCEPTIONS

Louis XV n'aime pas Voltaire et le disgrâcie pour un mot malheureux. L'écrivain se réfugie d'abord à Sceaux chez la duchesse du Maine et, pour la distraire, transpose dans *Zadig* ses mésaventures de courtisan. Puis il doit s'exiler en Lorraine à la Cour du roi Stanislas, où il découvre l'infidélité de Madame du Châtelet. Très profondément peiné par la mort de son amie (1749), il revient à Paris chez sa nièce, Madame Denis, et cherche l'oubli dans le travail.

Depuis longtemps Frédéric II l'invitait à Berlin. Voltaire cède à ses instances : le 25 juin 1750 il quitte Paris, où il ne retournera qu'en février 1778. Chambellan du roi de Prusse, en fait maître de rhétorique et correcteur des œuvres littéraires du roi, il est d'abord fêté, croit à la possibilité de voir réalisé le despotisme éclairé, achève son *Siècle de Louis XIV*, publie *Micromégas* (1752) où s'expriment son scepticisme croissant et son sens de la relativité, fait créer deux tragédies à Paris et projette d'écrire avec le roi une « encyclopédie de la raison » plus « portative » et plus militante que l'*Encyclopédie* : c'est l'ébauche du futur *Dictionnaire philosophique*. Mais Voltaire ne supporte pas de partager la faveur royale avec le mathématicien et philosophe Maupertuis : il publie contre son rival la *Diatribe du docteur Akakia*, pamphlet que Frédéric II fait lacérer et brûler sur les places publiques. Une fragile réconciliation n'empêche pas Voltaire de quitter précipitamment Berlin en mars 1753. Sequestré à Francfort jusqu'à ce qu'il ait restitué les manuscrits du roi, malignement emportés, Voltaire se réfugie en Alsace et transpose ses mésaventures dans le conte de *Scarmentado* (1756).

Il faut bien se mettre à l'abri. Voltaire achète donc la propriété des Délices à Genève, où il s'installe, mais qu'il quitte chaque hiver pour Lausanne. Sa tranquillité ne dure guère : menacé par le Grand Consul de Genève qui lui reproche d'avoir monté un théâtre, le philosophe commence à trouver le monde incohérent et la vie souvent absurde : il le montre dans le *Poème sur la loi naturelle* (1752), profession de foi déiste dirigée contre tous les fanatismes, dans l'*Essai sur les mœurs*, véritable sottisier universel et dans le *Poème sur le désastre de Lisbonne* (1756). Et il inspire à d'Alembert l'article « Genève » de *l'Encyclopédie*, qui suscite la tempête chez les pasteurs : on veut le faire expulser des Délices. Voltaire se met à l'abri chez l'Électeur Palatin à Mannheim, puis achète, pour assurer définitivement sa sécurité, les propriétés de Ferney et de Tourney, situées à cheval sur la frontière franco-suisse et où il entreprend de grands travaux. La révocation du privilège de l'*Encyclopédie* en janvier 1759, au moment où il publie *Candide ou l'Optimisme*, le convainc que les philosophes doivent mener la lutte loin de Paris.

FERNEY ET LE COMBAT PHILOSOPHIQUE

Voltaire va passer les dix-huit dernières années de sa vie dans son château de Ferney, recevant fastueusement des visiteurs venus de toute l'Europe, jouant lui-même avec eux la tragédie et gardant un contact suivi avec des correspondants illustres (d'Alembert, d'Argental, Choiseul, Diderot, Richelieu, Turgot, Frédéric II et Catherine II). Son horizon s'élargit : il prend parti sur tout. A Ferney, il pratique une politique d'investissement rural, fait défricher les landes de la commune et assécher les marais, introduit la charrue à semoirs, crée de nouveaux emplois avec un atelier de bas de soie, une tannerie, puis une fabrique de montres.

En politique intérieure française, c'est lui qui anime le parti des philosophes et lance le mot d'ordre « Écrasez l'Infâme » dans une lettre à Damilaville de juillet 1762. Il apparaît comme le champion de la justice en obtenant (1765) après trois ans de lutte acharnée la réhabilitation du protestant Jean Calas, accusé sans preuve du meurtre de son fils et exécuté dans une atmosphère de passion fanatique que stigmatise son *Traité sur la tolérance* (1763). En suscitant de véritables campagnes d'opinion, l'« homme des Calas » essaie de redresser d'autres iniquités et quelques jours avant sa mort obtient la réhabilitation de Lally-Tollendal, embastillé puis exécuté sans avoir été interrogé.

Dans la bataille philosophique, Voltaire lance des contes *(Jeannot et Colin, L'Ingénu, La Princesse de Babylone)*, des pièces de théâtre à thèse comme *Les Guèbres* et un ouvrage de vaste audience, le *Dictionnaire philosophique portatif* (1764), complété de 1770 à 1772 par neuf volumes de *Questions sur l'Encyclopédie*. Mais ses œuvres préférées sont les dialogues et les pamphlets dont il crible ses principaux adversaires : Rousseau, la Sorbonne, les Parlements, les Jésuites...

LE RETOUR TRIOMPHAL À PARIS

Le rêve du despotisme éclairé s'effrite : cruellement déçu par le partage de la Pologne entre Frédéric II et Catherine II, Voltaire songe à regagner Paris quand débute le règne de Louis XVI.

Il appuie les premières mesures du ministre Turgot et le soutient dans la « guerre des farines » en écrivant une *Diatribe à l'auteur des éphémérides*. Mais Turgot est disgrâcié et le retour différé. Plus le temps passe et plus la fringale de Paris gagne Voltaire : il se décide à quitter Ferney le 5 février 1778. Son retour à Paris suscite une manifestation d'enthousiasme populaire qui annonce le déclin d'une monarchie incapable d'exercer son autorité. Épuisé par une succession de réceptions, par la révision de ses œuvres complètes, par la présentation de son projet de nouveau *Dictionnaire* à l'Académie française, et par l'ultime triomphe que lui réservent les Comédiens Français et le public lors de la sixième représentation de sa tragédie *Irène*, Voltaire meurt le 30 mai 1778. « L'apostolat débouchant sur l'apothéose » (Lanson), c'est le défenseur des Calas que le peuple de Paris conduit solennellement au Panthéon en 1792.

VIE ET ŒUVRE DE VOLTAIRE	ÉVÉNEMENTS POLITIQUES, SOCIAUX ET CULTURELS
1694 Naissance de François-Marie Arouet	**1700 → 1710** Controverse autour du problème du mal à partir du paradoxe de Bayle (probabilité du manichéisme)
1704 Études au collège Louis-Le-Grand puis études de droit à Paris	
1713 Secrétaire d'ambassade à La Haye Errance à travers les milieux aristocratiques à Paris	**1710** Leibniz : *Essais de Théodicée* **1715 → 1723** La Régence
1716 Exil dû à des écrits satiriques Onze mois à la Bastille	**1716** Mort de Leibniz
1718 Adoption du nom de Voltaire *Œdipe* Amitié avec Lord Bolinbroke Voyages en Belgique, en Hollande	**1723 → 1774** Louis XV
1726 Envoi à la Bastille puis exil en Angleterre	
1728 *La Henriade*	
1731 *Histoire de Charles XII*	
1732 *Zaïre*	
1733 *Le Temple du goût*	**1733** Pope : *Essai sur l'homme*
1734 *Lettres philosophiques,* condamnées au feu Exil en Lorraine chez Madame du Châtelet Initiation à la physique et à la philosophie scientifique	**1733 → 1735** Guerre de succession de Pologne **1734** Montesquieu : *Considérations sur les causes de la grandeur des Romains ...*
1736 *Le Mondain* Exil en Hollande Rencontre de la comtesse de Bentinck *Épître à Madame du Châtelet sur la philosophie de Newton*	**1736 → 1745** Calcul du méridien terrestre par Maupertuis, Celsius, Camus, La Condamine
1737 *Traité de métaphysique.* *Essai sur la nature du feu*	

1738 *Discours sur l'Homme* (poèmes philosophiques) Saisie des premiers chapitres du *Siècle de Louis XIV* Lecture des œuvres de Wolff, disciple de Leibniz	**1738** Paix de Vienne
1739 Lecture approfondie de *La Théodicée*	**1739** Hume : *Traité de la nature* **1740** → **1786** Frédéric II, roi de Prusse
1742 *Mahomet ou le Fanatisme* (pièce interdite) *Mérope*	**1740** Madame du Châtelet : *Institutions de physique* (référence à Leibniz)
1744 Triomphe à la Cour : Voltaire historiographe du roi Élu à l'Académie française *La Bataille de Fontenoy*	**1741** Guerre de succession d'Autriche **1744** → **1758** Guerre coloniale avec l'Angleterre
1747 Exil à Sceaux	
1748 *Babouc ou le Monde comme il va* *Zadig ou la Destinée*	**1748** Traité d'Aix-la-Chapelle Montesquieu : *De l'Esprit des lois*
1749 *Memnon*	**1749** Mort de Madame du Châtelet
1750 → **1753** Invité à Berlin par Frédéric II Chambellan du roi de Prusse en concurrence avec Maupertuis	**1750** → **1755** *Discours* de Rousseau **1750** → **1772** *Encyclopédie*
1751 *Le Siècle de Louis XIV*	
1752 *Micromégas* *Poème sur la Loi naturelle*	**1752** Débuts de la Querelle des Bouffons
1753 Sequestré à Francfort puis exilé	**1754** Mort de Wolf Début de la guerre contre les Anglais au Canada
1755 Installation dans la propriété Les Délices à Genève	**1755** Désastre de Lisbonne
1756 *Poème sur le désastre de Lisbonne* *Examen de cet axiome : tout est bien* *L'Histoire des voyages de Scarmentado* Correspondance avec la duchesse de Saxe-Gotha puis *Essai sur les mœurs*	**1756** Début de la Guerre de Sept Ans : Frédéric II envahit la Saxe Rousseau : Lettre à Voltaire réfutant le *Poème sur le désastre de Lisbonne* et affirmant que « tout est bien »

1758	Début de la rédaction de *Candide* (janvier) Séjour à Schwetzingen chez l'Électeur Palatin Reprise de la rédaction de *Candide* (juillet — août) Retour aux Délices et rupture avec la comtesse de Bentinck (octobre) Installation dans la propriété de Ferney et Tourney Fin de la rédaction de *Candide* (décembre)	**1757**	Article « Genève » dans l'*Encyclopédie,* inspiré à d'Alembert par Voltaire Attentat de Damiens contre Louis XV Exécution à Londres de l'amiral Byng Victoire des Prussiens sur les Français à Rossbach
		1758	D'Alembert abandonne l'*Encyclopédie* Helvétius : *De l'esprit*
1759	*Candide,* aussitôt critiqué, mais immense succès	**1759**	Révocation du privilège de l'*Encyclopédie*
1760	*Tancrède*		
1762	Condamnation de *Candide*	**1762**	Rousseau : *Du Contrat social* et *Émile ; Lettres à M. de Malesherbes* Partage de la Pologne entre Frédéric II et Catherine II
1763	*Traité sur la tolérance*	**1763**	Traité de Paris Condamnation des francs-maçons, expulsion des Jésuites
1764	*Dictionnaire philosophique portatif*		
1765	*La Philosophie de l'histoire* Voltaire champion de la justice	**1765**	→ **1773** Diderot : *Jacques le Fataliste* (rééd.) Émeutes de la faim
		1765	Réhabilitation de Jean Calas
1767	*Jeannot et Colin* *L'Ingénu* *La Princesse de Babylone* *Les Guèbres*	**1769**	Diderot : *Le Rêve de d'Alembert*
1770	→ **1772** Neuf volumes de *Questions sur l'Encyclopédie* Dialogues et pamphlets *Diatribe de l'auteur des éphémérides*	**1774**	→ **1793** Louis XVI
		1774	→ **1778** Turgot, puis Necker (1776) ministres
		1776	Indépendance des États-Unis
1778	Retour triomphal à Paris *Irène* Mort le 30 mai	**1783**	Traité de Versailles
1792	Inhumation au Panthéon		

L'œuvre littéraire

LE POUVOIR DU LIVRE SUR L'OPINION PUBLIQUE

Premier ouvrage polémique de Voltaire, les *Lettres philosophiques* (1734) permettent à l'écrivain de découvrir la puissance du livre comme arme au service de la liberté contre l'intolérance, l'obscurantisme et le pouvoir absolu. Au plaisir de la découverte d'un pays étranger — l'ouvrage relate l'ensemble des impressions que Voltaire a rapportées d'Angleterre — s'allie le charme d'une candeur sympathique attirant le lecteur vers une expérience apparemment naïve. L'écrivain maîtrise déjà tout l'arsenal des procédés du conteur et du polémiste : religion, politique, économie, philosophie, science et littérature sont abordés, avec humour, ironie ou dérision, dans une œuvre de propagande qui, bien avant Saint-Just, propose le bonheur comme une idée neuve.

LA NAISSANCE D'UNE HISTOIRE SCIENTIFIQUE, UNIVERSELLE ET PHILOSOPHIQUE

Fasciné, sinon édifié, par le passé, Voltaire s'intéresse successivement à l'histoire d'un roi (*Histoire de Charles XII*, 1731), à l'histoire d'une nation (*Le Siècle de Louis XIV*, 1751), puis à celle du monde (*Essai sur les Mœurs*, 1756) et complète son œuvre en 1765 par *La Philosophie de l'histoire*. Ses ouvrages sont inspirés par une curiosité universelle, le souci de la vérité et la volonté de restituer l'atmosphère d'une époque. De sa conception que l'histoire est avant tout l'aventure de l'esprit humain découle un transfert de l'histoire des rois à celle des hommes, la recherche de synthèses originales, le sentiment de la diversité des sociétés, la volonté d'espérer liée à une philosophie militante qui cherche la signification des événements dans le progrès lent et discontinu de la raison humaine.

LES GRANDS GENRES LITTÉRAIRES

Convaincu que la pensée ne s'exprimait bien que dans le cadre des grands genres littéraires classiques, Voltaire s'attache à triompher dans l'**épopée** (dès 1728 avec *La Henriade*) et dans la **tragédie** (après le succès de *Zaïre*, en 1732, il est salué comme le continuateur de Racine). Il demande à la **poésie** d'exprimer les vérités du philosophe, réduit l'**épître** ou la **satire** à devenir les instruments de la raison et en donne des modèles avec son *Épitre à Madame du Châtelet sur la philosophie de Newton*, *Le Mondain* (1736) ou *le Poème sur le désastre de Lisbonne* (1756).

L'INVENTION DU CONTE PHILOSOPHIQUE

Les déceptions, les échecs et les déboires qu'il subit entre 1745 et 1760 amènent Voltaire à introduire une large part de confidence dans un nouveau cadre. La formule du conte philosophique est née et s'affirme progressivement avec *Zadig ou la Destinée* (1748), *Micromégas* (1752), *Candide ou l'Optimisme* (1759), *L'Ingénu* (1767). Les héros de ces romans reflètent la personnalité et les réactions de Voltaire, qui se distancie pourtant d'eux par une ironie les empêchant d'apparaître comme des personnes authentiques. Limités à un comportement, de tels personnages se forment à mesure que le monde se dévoile à leur conscience, et cet apprentissage dont il est le témoin conduit le lecteur à prendre conscience de ce qu'il n'avait pas été habitué à voir.

LES ŒUVRES PHILOSOPHIQUES DE COMBAT

L'engagement croissant du philosophe se traduit par des œuvres véhémentes et militantes. *Le Traité sur la tolérance* (1763), né de la conviction profonde de Voltaire que le protestant Calas avait été victime du fanatisme religieux, démontre que l'intolérance ne relève pas du droit naturel. Le *Dictionnaire philosophique portatif* (1764) insiste sur les ravages du fanatisme et de la guerre, souligne la contradiction fondamentale entre les dogmes et les Évangiles, mais refuse l'athéisme et propose une religion naturelle fondée sur l'adoration de l'Être suprême et la morale du bien.

UNE ARME DE GUERRE, LE PAMPHLET

L'arme privilégiée de Voltaire à Ferney, c'est le pamphlet écrit au pied levé, ou fusée volante, inséparable de la pensée d'un homme en perpétuelle alerte et qui recherche le combat. Couvert sous une multitude de déguisements ou de pseudonymes transparents pour les lecteurs avisés, Voltaire multiplie les libelles. Relation, facétie monologuée, édit, lettre supposée, mémoire, sermon ou discours se succèdent, mais la bataille est perdue d'avance pour ses ennemis.

UN TÉMOIGNAGE DE VOLTAIRE SUR LUI-MÊME, LA *CORRESPONDANCE*

Voltaire a adressé près de vingt mille lettres à plus de sept cents destinataires, en tête desquels viennent ses amis d'Argental, Damilaville, Thiériot, d'Alembert et Frédéric II. Il correspond régulièrement avec de grands personnages comme Catherine II, la duchesse de Saxe-Gotha, d'Argenson et Turgot. Il discute avec Diderot, Helvétius ou Condorcet, échange des propos mélancoliques avec Madame du Deffand ou Madame d'Épinay. Témoignage sur la lutte philosophique et le rôle de chef d'orchestre qu'y joue Voltaire, cette correspondance constitue le meilleur des commentaires sur la vie et la spontanéité de l'homme.

Sommaire de *Candide*

Élevé dans le château westphalien du baron de Thunder-ten-Tronckh, le jeune Candide vit heureux et admire son précepteur Pangloss : il tient de lui que « tout est pour le mieux dans le meilleur des mondes possibles ». Mais Candide aime Cunégonde, la fille du baron. Le désir entraîne la transgression de l'interdit social, puis la répression : le jeune homme est chassé de son paradis terrestre.

Les événements lui montrent rapidement que le monde ne répond pas aux enseignements de Pangloss : bientôt enrôlé dans l'armée bulgare, il participe à une guerre meurtrière à laquelle il ne comprend rien, déserte, mendie, retrouve en Hollande son précepteur défiguré par la vérole, voit Lisbonne s'écrouler sous un tremblement de terre et tombe dans les griffes de l'Inquisition. Miraculeusement sauvé par Cunégonde, qui a survécu à toutes sortes d'atrocités en menant carrière de femme entretenue, le héros s'enfuit avec sa dulcinée en Amérique du Sud où il découvre l'oppression des jésuites, les mœurs des anthropophages et l'horreur de l'esclavage.

Un moment de rêve dans la société idéale de l'Eldorado interrompt ce cauchemar. Enrichi, Candide décide de regagner l'Europe. Mais, qu'il aille en France, en Angleterre, en Italie ou en Turquie, le héros doit constater que le mal l'emporte toujours sur le bien.

Progressivement Candide s'est fait des amis, notamment le philosophe manichéen Martin et son fidèle serviteur Cacambo. Il s'installe avec eux sur la Propontide où il retrouve Pangloss, épouse Cunégonde devenue aussi laide qu'acariâtre, et s'ennuie profondément. Un vieillard turc le convainc qu'il faut oublier les malheurs du monde en cultivant son jardin. Il rallie toute sa petite société à cette sagesse pratique, seule susceptible de rendre les hommes plus heureux.

Le périple de Candide

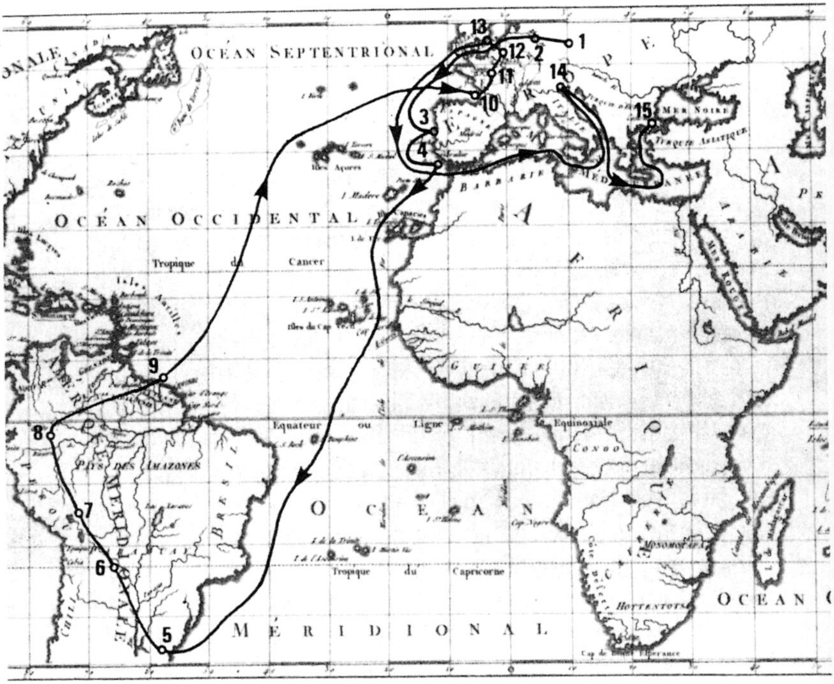

1. Thunder-ten-Tronckh — 2. Hollande — 3. Lisbonne — 4. Cadix — 5. Buenos Aires — 6. Paraguay — 7. Oreillons — 8. Eldorado — 9. Surinam — 10. Bordeaux — 11. Paris — 12. Dieppe — 13. Portsmouth — 14. Venise — 15. Constantinople.

Les personnages

Cacambo

Valet engagé par Candide à Cadix, qui devient progressivement le guide et le compagnon de son maître. Né d'un métis et d'une indienne du Paraguay, Cacambo a été successivement, en Amérique du Sud et en Espagne, enfant de chœur, sacristain, matelot, moine, facteur, soldat et laquais, avant de mettre au service de Candide sa fidélité, son habileté et ses qualités d'homme d'action.

Candide

Protagoniste du conte. Fils illégitime d'un gentilhomme du voisinage et de la sœur du baron westphalien de Thunder-ten-Tronckh, sa bâtardise le place au dernier rang de la hiérarchie familiale. Élevé dans le château du baron, il a approximativement l'âge de Cunégonde, qu'il aime en silence. Son nom, qui n'a rien de germanique, reflète son admiration crédule pour l'enseignement de son précepteur Pangloss.

Cunégonde

Fille du baron de Thunder-ten-Tronckh, elle a dix-sept ans au début du conte. Cette ingénue libertine lance involontairement l'action : le baiser qu'elle donne à Candide fait chasser le jeune homme du château.

Giroflée (Frère)

Devenu à quinze ans moine théatin contre son gré, il rencontre Paquette à Venise.

Inquisiteur (le Grand)

Chef suprême à Lisbonne de l'Inquisition, c'est-à-dire du tribunal ecclésiastique chargé de lutter contre les hérésies, il partage avec le banquier juif don Issachar les faveurs de Cunégonde.

Issachar (Don)

Juif portugais très introduit à la Cour du Portugal, dont il est le banquier. C'est lui qui achète Cunégonde au capitaine bulgare.

Jacques (l'anabaptiste)

Négociant hollandais vertueux et généreux, membre d'une secte protestante charitable, qui recueille Candide et Pangloss, puis les emmène au Portugal.

Jardinier turc

« Bon vieillard » rencontré par Candide aux abords de Constantinople. Il vit heureux avec ses quatre enfants du produit de son modeste jardin.

Martin

Savant pauvre exploité par les libraires d'Amsterdam. Candide le rencontre à Surinam et fait son compagnon de ce philosophe manichéen profondément pessimiste.

Paquette

Femme de chambre de la baronne de Thunder-ten-Tronckh. Très éveillée, elle devient dès le premier chapitre la maîtresse de Pangloss, à qui elle communique la vérole.

Pangloss

Précepteur au service de la famille Thunder-ten-Tronckh, ce philosophe allemand enseigne la métaphysico-théologo-cosmolonigologie et professe un optimisme béat, répétant d'après Leibniz que tout est pour le mieux dans le meilleur des mondes. Son nom — en grec « tout en langue » — reflète son bavardage impénitent et le vide de ses constructions verbales.

Pococurante

Grand seigneur vénitien éclairé et blasé qui reçoit Candide et Martin dans son palais.

Thunder-ten-Tronckh (le baron de)

Un des plus grands seigneurs de Westphalie, oncle supposé de Candide. Voltaire lui attribue un nom imprononçable et en fait le symbole des prétentions de la noblesse allemande.

Thunder-ten-Tronckh (le jeune baron de)

Frère de lait de Candide, il n'a pas de prénom propre et se contente d'hériter de tous les défauts paternels, auxquels Voltaire ajoute l'homosexualité.

Vanderdendur

Infâme négociant hollandais qui vit de l'esclavage.

Vieille (la)

Fille du pape Urbain X et de la princesse de Palestrine, elle a connu tous les malheurs imaginables avant de s'attacher à Cunégonde, auprès de laquelle elle joue un rôle de servante et d'entremetteuse.

Résumés et commentaires

CHAPITRE 1

RESUME

C'est dans « le plus beau des châteaux » et « le meilleur des mondes possibles », auprès du baron et de la baronne de Thunder-ten-Tronckh, que vit le jeune Candide dont le nom traduit à la fois la naïveté et la crédulité. Enfant naturel, il mène une existence heureuse et rassurante dans cette famille westphalienne imbue de ses préjugés nobiliaires et prisonnière de ses illusions. Candide admire en Cunégonde la fille du baron et en Pangloss un précepteur devenu l'oracle de la maison à force de répéter qu'il n'y a pas d'effet sans cause.

Un jour, Cunégonde assiste à une « leçon de physique expérimentale » donnée par Pangloss à sa femme de chambre Paquette. Du coup elle cherche Candide et rougit. Candide rougit à son tour. Leurs bouches se rencontrent. Mais le baron, « voyant cette cause et cet effet, [chasse] Candide à grands coups de pied dans le derrière... Et tout fut consterné dans le plus beau et le plus agréable des châteaux possibles ».

COMMENTAIRE

Une revue de la société de Thunder-ten-Tronckh

Candide est présenté le premier (§ 1), ce qui ne surprend pas le lecteur : ne s'agit-il pas du héros qui donne son nom au conte ? Son **physique** ne fait l'objet que d'une brève esquisse (« un jeune garçon [...] sa physionomie annonçait son âme ») et son âge n'est même pas précisé. Quelques notations ébauchent son **caractère**, celui d'un être mou — simplicité, douceur, transparence, innocence — et influençable qui, grâce à son jugement assez droit, évoluera au fil des événements. Voltaire n'a pas offert à son héros beaucoup d'épaisseur psychologique — son but est de créer un type, celui de l'ingénu —, mais il insiste sur les **origines** du personnage, un enfant naturel, fils supposé de la sœur du baron et d'un gentilhomme méprisé à Thunder-ten-Tronckh malgré sa bonté et son honnêteté, car il « n'avait pu prouver que soixante et onze quartiers » (c'est-à-dire soixante et onze ascendants nobles). **Candide apparaît donc déclassé dans une société très hiérarchisée** : la plus haute de ses aspirations serait d'être un Thunder-ten-Tronckh.

Le baron (dont on apprendra au chapitre 15 qu'il détient soixante-douze quartiers de noblesse) est caractérisé (§ 2) uniquement par son **titre** et sa **puissance seigneuriale**, dont il tire vanité sans raison (« Son château avait une porte et des fenêtres. Sa grande salle même était ornée d'une tapisserie ») et en usant d'artifices (« le vicaire du village était son grand aumônier ») favorisés par les flagorneries de ses valets.

La famille du baron est expédiée (§ 3) encore plus rapidement. La **baronne** jouit d'une considération fondée seulement sur un poids respectable. En deux lignes on apprend davantage sur **Cunégonde** : Voltaire indique son âge (dix-sept ans) et en fait une allégorie de la sensualité (« fraîche [...] appétissante »). Une phrase ironique au deuxième degré nous apprend enfin que le fils a hérité des défauts de son père.

Pangloss bénéficie d'une plus longue présentation (§ 3 et 4). Il apparaît dogmatique, pédant, vaniteux et parfaitement intégré à un monde dont il proclame l'excellence : dans la mesure où ses bavardages obséquieux affirment la prééminence de ses maîtres, cette marionnette — **caricature de l'intellectuel au service du pouvoir** — est écoutée, même si on ne comprend sans doute pas autour de lui ses ratiocinations sur le principe de la raison suffisante (« il n'y a point d'effet sans cause ») et ses explications involontairement désopilantes par l'argument des causes finales (« les nez ont été faits pour porter des lunettes, aussi avons-nous des lunettes »).

Un retour sur Candide (§ 6), **ramené cette fois selon l'ordre protocolaire à la dernière place des personnages** fait ressortir la déférence attentive du jeune homme envers Pangloss, sa crédulité, sa naïveté et son admiration muette pour la beauté de Cunégonde.

L'irruption de l'aventure

Tout bascule « un jour » où Cunégonde surprend ensemble Pangloss et Paquette, ce qui lui donne le « désir d'être savante » à son tour : voici rompu le temps de la vie calme et du bonheur paisible.

Une accumulation de passés simples traduit l'irruption de l'aventure et la juxtaposition d'événements qui se précipitent. Le paravent et le mouchoir, accessoires habituels du roman sentimental au XVIIIe siècle, permettent à Cunégonde, nouvelle Ève, de séduire Candide. D'où la réaction brutale du baron et le bannissement du héros. Voltaire lance le conte : Candide peut partir à la quête de cet univers clos dont il vient d'être expulsé.

Les thèmes

Le premier chapitre s'organise autour des **thèmes de la noblesse, de la bâtardise et de l'illusion.** Le plus grand bonheur pour Candide, on l'a vu, serait d'être né baron de Thunder-ten-Tronckh, puis à défaut d'« être Mademoiselle Cunégonde », c'est-à-dire de n'être pas un fils naturel. Illusion et aliénation qui impliquent une acceptation totale de l'idéologie nobiliaire. Quant à l'amour du jeune héros pour la fille du baron, il constitue un autre moyen d'abandonner sa bâtardise en s'intégrant à la lignée Thunder-ten-Tronckh. Ce n'est donc qu'une illusion de l'amour.

Tout comme est apparence ce monde clos qui survit grâce à des faux-semblants (« le vicaire du village était son grand aumônier ») et où pérore le théoricien de l'illusion, Maître Pangloss. Cet oracle répète à l'envi que « dans ce meilleur des mondes possibles, le château de monseigneur le baron était le plus beau des châteaux, et madame la meilleure des baronnes possibles », mais sa conduite discrédite sa métaphysique et son discours, acceptant a priori tous les événements susceptibles de se produire, justifie du même coup par avance la démolition de cet univers nobiliaire hiérarchisé que la métaphysico-théologo-cosmolonigologie prétend garantir.

Pour un commentaire composé

Des personnages schématisés

Candide, un héros doux, innocent et falot, placé au début du conte, puis réintégré à son rang hiérarchique.

La signification qui se dégage de l'ordre de présentation des personnages et leurs liens d'hérédité.

Les personnages, des « types » imaginés par l'auteur pour démontrer sa thèse.

L'univers de Thunder-ten-Tronckh

Un univers clos reposant sur un ordre rigide. Candide, en transgressant cet ordre, lance involontairement le roman.

Un univers présenté de l'intérieur.

Le passage de l'imparfait au passé simple marque la rupture avec le temps d'une existence figée et heureuse.

L'illustration d'une philosophie optimiste

Comment la « métaphysico-théologo-cosmolonigologie » sombre dans le ridicule.

Deux aspects de Pangloss : l'oracle de la maison ; un intellectuel au service du pouvoir.

Les différentes formes de l'optimisme chez Candide et Pangloss.

CHAPITRE 2

RESUME

Chassé du paradis terrestre, Candide se trouve symboliquement pris dans une tempête de neige. Il connaît dès lors la misère, la faim et le froid jusqu'au moment où deux hommes habillés de bleu l'invitent à dîner dans un cabaret. Ce sont des sergents recruteurs qui comblent de civilités cette proie facile, l'enivrent et ont tôt fait de l'enrôler. Et le voilà bien malgré lui soldat de l'armée bulgare, astreint à une instruction militaire accablante et agrémentée de châtiments corporels qui le transforme en automate.

Croyant encore étourdiment à son libre arbitre, Candide part se promener. Arrêté comme déserteur, mis au cachot et condamné selon les règles par la justice militaire, il reçoit quatre mille coups de baguette qui lui découvrent « les muscles et les nerfs », mais échappe à l'exécution grâce à l'arrivée du roi des Bulgares. Le roi lui fait grâce après avoir compris que Candide « était un jeune métaphysicien fort ignorant des choses ». Candide est à peu près rétabli, trois semaines plus tard, lorsque le roi des Bulgares livre bataille au roi des Abares.

COMMENTAIRE

« Candide, chassé du paradis terrestre... »

Voltaire, parodiant la *Génèse*, rapproche l'univers heureux de Thunder-ten-Tronckh et l'Eden de la *Bible*. Comme Ève, Cunégonde a commis la faute fatale ; **comme Adam, Candide est puni pour avoir péché.** Et le contraste entre la dureté du climat après la chute et l'éternel printemps de Thunder-ten-Tronckh possède également une valeur symbolique.

L'inadaptation de Candide devant les réalités terrestres apparaît par sa confiance naïve devant les deux « racoleurs », son inconscience dans la fuite, ses réflexions au moment du châtiment. Les gestes et les propos du héros s'expliquent par une éducation qui l'a entraîné à tout accepter avec une crédulité béate et une docilité mécanique.

Le monde militaire

Voltaire présente successivement le recrutement des soldats, leur entraînement, la discipline, le traitement subi par les déserteurs. Son séjour auprès de Frédéric II avait amplement nourri son information, mais ce n'est pas seulement en Prusse que les sergents recruteurs opèrent, et la protestation de l'écrivain prend une valeur universelle.

La satire est liée à une double démonstration, tantôt explicite, tantôt implicite : le monde militaire relève de l'absurde et la violence apparaît comme un démenti de l'optimisme.

L'art du récit

Un rythme alerte entraîne le lecteur au gré de la fantaisie et de l'humour du conteur. Parmi les moyens utilisés par Voltaire, on peut relever :

La vivacité des phrases juxtaposées sans mot de liaison. Aucune conjonction de coordination sauf une fois « Et », dans l'indépendante très brève « Et il boit », soulignant la naïveté de Candide sur qui le piège se referme immédiatement.

L'alternance entre les participes apposés et les verbes à forme personnelle qui fait ressortir dans le premier paragraphe la durée des épreuves et l'épuisement de Candide.

Les quiproquos sur Cunégonde et le roi des Bulgares : « N'aimez-vous pas tendrement ? ... Oh oui, répondit-il, j'aime tendrement Mademoiselle Cunégonde. »

La signification des infinitifs accumulés pour décrire l'exercice auquel est astreint Candide : « On le fait tourner à droite, à gauche, hausser la baguette, remettre la baguette, coucher en joue, tirer, doubler le pas... »

Les **procédés ironiques dans la narration** de la désertion et de ses suites : c'est la raillerie autour du sens accordé au mot *liberté*, la qualification de héros attribuée aux soldats, le sarcasme contre le cérémonial du châtiment, le décalage entre la grâce demandée par Candide et son but : « qu'on voulût bien avoir la bonté de lui casser la tête ».

CHAPITRE 3

RESUME

Pris dans l'engrenage de la guerre, Candide paraît assister au massacre comme s'il s'agissait d'une bataille de soldats de plomb. La narration, faussement désinvolte et détachée, aboutit à un bilan, approximatif, mais très lourd en vies humaines, des phases successives du combat.

Spectateur de plus en plus apeuré, Candide se cache, puis déserte. Il découvre alors toute l'horreur du carnage chez les populations civiles sans défense, aussi bien du côté bulgare que du côté abare. L'accumulation des atrocités dénonce la « boucherie héroïque », les prétendus « héros » guerriers, les rois et la religion qui leur sert de caution.

La fuite de Candide le mène en Hollande. Il y découvre l'hypocrisie fanatique d'un prédicateur huguenot : cet apôtre de la charité lui refuse tout secours parce que Candide avoue ignorer que le pape est l'Antéchrist. En revanche, un bon anabaptiste prend pitié de lui, le recueille et l'embauche.

Le lendemain Candide rencontre un gueux dont l'état de délabrement physique inspire la pitié.

COMMENTAIRE

La guerre et ses horreurs (analyse linéaire des deux premiers paragraphes)

§ 1 — La description des armées abare et bulgare commence en fanfare, sur un ton d'allégresse alerte et enjouée qui fait songer aux *Divertissements* de Lulli : Candide est émerveillé devant une harmonie visuelle aussi réussie. Les qualificatifs laudatifs se pressent, renforcés par la répétition de l'intensif *si* et centrés sur la beauté, le mouvement et la symétrie de la scène. L'orchestre est présenté dans la seconde phrase : il est composé comme ceux de Lulli ou de Mozart d'instruments éclatants et graves. On pense un instant à une guerre joyeuse, mais une dissonance brutale apparaît avec le passage des tambours aux canons. Ce n'est plus l'harmonie auditive qu'on attendait et le mot *enfer*, rejeté en fin de phrase pour renforcer la surprise, exprime les intentions ironiques de l'auteur : Voltaire a feint de voir la guerre avec la naïveté de Candide, mais, brutalement, il ramène le lecteur à la réalité.

Vient alors le récit de la bataille, une bataille dont les phases successives sont affreusement meurtrières, mais dans laquelle Candide semble voir d'abord un combat de soldats de plomb (« renversèrent ») avec un regard détaché (« à peu près six mille hommes de chaque côté ») qui souligne l'ampleur du massacre et l'infiniment petite valeur de la vie humaine, ainsi que l'absurdité de la guerre, aussi terrible pour les vainqueurs que pour les vaincus. La mousqueterie succède à la canonnade et des effets analogues (« environ neuf à dix mille coquins ») permettent à Voltaire de feindre de reprendre à son compte la justification de la guerre. Parodiant le vocabulaire de Pangloss et de Leibniz, il use d'un euphémisme ironique (« ôta du meilleur des mondes ») qui ramène à l'antienne du conte, puis souligne sarcastiquement le prétendu rôle utilitaire de la guerre, l'élimination des « coquins qui en infectaient la surface », auxquels, par une généralisation volontairement absurde, sont assimilés indistinctement tous les soldats.

C'est encore Leibniz que tourne en dérision la phrase suivante qui recense les effets dévastateurs de la baïonnette (ainsi nommée parce que fabriquée à Bayonne et mise en service par Vauban dans l'armée française en 1683). « La raison suffisante », dans le système du philosophe allemand est le « principe » selon lequel « jamais rien n'arrive sans qu'il y ait une cause ou du moins une raison déterminante, c'est-à-dire qui puisse servir à rendre raison a priori pourquoi cela est existant et pourquoi cela est ainsi plutôt que de toute autre façon » (*Théodicée*, I, 44). Le recours à une formulation aussi pédante, s'agissant d'un immense désastre, tend à la fois à ridiculiser incidemment le système de Leibniz (c'est la finalité de *Candide*) et à mettre en relief l'atrocité de la guerre (le carnage de la Guerre de Sept Ans joue un rôle important dans la décision prise par Voltaire d'écrire son conte) que souligne encore l'alliance d'un nombre élevé et d'un indéfini imprécis. Le procédé est repris dans l'évaluation finale du carnage (« Le tout pouvait bien se monter à une trentaine de mille âmes. »), dont l'atroce désinvolture déshumanise les individus et réduit la bataille à un bilan de morts.

Un coup de projecteur sur Candide, « qui tremblait comme un philosophe » permet, grâce à une boutade d'allure proverbiale, de faire rire du personnage et avec lui des philosophes qui se croient grâce au raisonnement à l'abri des émotions et des passions communes aux hommes. Mais la poltronnerie du jeune homme sert surtout d'occasion pour introduire une très forte alliance de mots qui dénonce la guerre, « boucherie héroïque » : un nom brutal réaliste et porteur d'indignation — déjà utilisé seul par Rabelais, Montaigne ou La Bruyère pour condamner la guerre — dégrade ici entièrement les connotations de l'adjectif *héroïque*. La sensibilité de Voltaire l'a déjà amené à condamner l'héroïsme (cf. Lettre du 15 juillet 1735 à Thiériot : « J'appelle grands tous ceux qui excellent dans l'utile et l'agréable. Les saccageurs de provinces ne sont que des héros. »). Mais dans le paragraphe suivant il aggrave sa critique en montrant de façon concrète l'absurdité et les suites horribles de la guerre.

§ 2 — C'est d'abord une double attaque dirigée contre la religion — qui se rend infâme car elle légitime les atrocités en remerciant Dieu par un chant d'action de grâces, le Te Deum — et contre les rois qui se croient tous les deux victorieux et prennent la religion comme caution de leurs agissements. Voltaire esquisse là une analyse qu'il approfondira dans l'article « Guerre » du *Dictionnaire philosophique portatif* (1764) en dénonçant la complaisance de l'Église — « Le merveilleux de cette entreprise infernale, c'est que chaque chef des meurtriers fait bénir ses drapeaux et invoque Dieu solennellement avant d'aller exterminer son prochain. Si un chef n'a eu que le bonheur de faire égorger deux ou trois mille hommes, il n'en remercie point Dieu ; mais lorsqu'il y en a eu environ dix mille d'exterminés par le feu et par le fer, et que, pour comble de grâce, quelque ville a été détruite de fond en comble, alors on chante à quatre parties une chanson assez longue, composée dans une langue inconnue à tous ceux qui ont combattu, et de plus toute farcie de barbarismes. » — et en dressant le procès des caprices et de la folie conquérante des princes.

La désertion de Candide, « parti [...] ailleurs », dit par euphémisme Voltaire, « raisonner [...] des effets et des causes » — la formule égratigne une nouvelle fois le « Tout est bien » de Pangloss et de Leibniz, permet une revue réaliste des effets de la guerre. Au tableau initial des deux armées à la parade s'oppose la vision abominable « des tas de morts et de mourants ». Mais bientôt commence une escalade dans l'horreur avec le martyre infligé aux populations civiles « selon les règles du droit public » : cela nous rappelle avec une cruelle ironie qu'à cette époque la guerre est un droit et que le plus célèbre ouvrage du juriste Grotius, *Du droit de la guerre et de la paix* (1625) réglemente les différentes sortes de guerre. Vieillards, femmes, enfants, jeunes filles, il n'est personne qui ait échappé au carnage que découvre Candide. Voltaire le souligne par une succession de détails macabres (« mamelles sanglantes », « cervelles [...] répandues sur la terre », « bras et [...] jambes coupées ») dont le pathétique sobre, rythmé par l'effet de rime des participes passés (« criblés », « égorgés », « éventrées », « brûlées ») suscite l'indignation et la pitié.

Conclusion

La référence aux Abares et aux Bulgares sert de masque aux atrocités de la Guerre de Sept Ans, qui ont bouleversé Voltaire. Pour transmettre sa révolte, le conteur a choisi l'ironie : il feint d'abord, dans un récit schématique, de voir les choses par les yeux d'un Candide enfermé dans la logique de la bataille ; puis il dénonce l'absurdité de la guerre avec des euphémismes et des formules qui démentent toutes les théories de l'optimisme. Enfin il adjoint au sarcasme, après la fuite de Candide, une série d'abominations qui porte l'horreur à son comble : la sensibilité rejoint ainsi la raison dans la condamnation de la barbarie.

Deux mirages clignotants, la Hollande et Genève

Candide, « ayant entendu dire que tout le monde était riche dans ce pays-là », espère vivre heureux dans une Hollande paisible et prospère, où Voltaire a séjourné plusieurs fois. Mais la générosité des nationaux n'est pas à la hauteur de leur aisance.

Et surtout, si Voltaire aime louer la religion raisonnable et l'esprit « philosophique » des protestants hollandais et genevois, il est exaspéré par la réaction des pasteurs genevois (1757) contre l'article « Genève » du tome 7 de l'*Encyclopédie*. Du coup « Genève n'est plus l'Eldorado ou la Pensylvanie, c'est à nouveau la patrie de Calvin, repaire de scolastiques impénitents, arsenal de fripons misérables... le pays où l'on brûle les Servet » (Jacques Van den Heuvel). Voltaire saisit donc l'occasion de donner une leçon à ses rigoristes voisins en créant le personnage de l'odieux prédicant qui sévit en Hollande et auquel le conteur oppose un modèle de tolérance, le charitable anabaptiste Jacques.

CHAPITRE 4

RESUME

L'épouvantable gueux découvert par Candide en Hollande n'était autre que Pangloss, rendu méconnaissable par la vérole. Les soins du charitable anabaptiste le guérissent, mais il a perdu un œil et une oreille. Sans le moindre ménagement, il apprend à Candide la mort de Cunégonde, violée et éventrée par des soldats bulgares qui ont également massacré le baron, son épouse et son fils. Quant au plus beau des châteaux, Thunder-ten-Tronckh, il est complètement anéanti. Ni ces malheurs ni son affreuse maladie n'ont ébranlé l'optimisme du docteur borgne : enivré de sa science, il raisonne bouffonnement sur la généalogie de la vérole et soutient que cette maladie, malgré ses affreux ravages, est « une chose indispensable dans le meilleur des mondes, un ingrédient nécessaire ». L'anabaptiste regrette au contraire que les hommes aient corrompu la nature. Cet homme charitable embauche Pangloss comme comptable et deux mois plus tard emmène ses deux nouveaux employés à Lisbonne où l'appelle son commerce.

COMMENTAIRE

Le problème du mal

La **condamnation de l'optimisme** domine tout le chapitre. Le monde est un foyer de calamités et l'expérience prouve **l'extension du Mal.** Du château de Thunder-ten-Tronckh, symbole du meilleur des mondes, il n'est pas resté « pierre sur pierre » ; la notion d'humanité se perd en Allemagne et se fait rare en Hollande ; tous les personnages sont accablés par le carnage (le baron, la baronne, leur fils et Cunégonde ont été massacrés) ou la maladie (Paquette, atteinte de la vérole, contamine Pangloss qui perd une oreille et un œil) ; le fléau progresse dans le temps et dans l'espace : la vérole, venue d'Amérique avec Christophe Colomb, a conquis l'Europe et s'apprête à gagner la Turquie, l'Inde, la Chine et le Japon ; et la misère s'ajoute à ce tableau de la désolation humaine : « Dans toute l'étendue de ce globe on ne peut ni se faire saigner ni prendre un lavement sans payer. »

L'oscillation de Candide entre Pangloss et Jacques

Malgré son affreux malheur, **Pangloss nous paraît particulièrement odieux.** Il apprend à Candide la mort de Cunégonde avec une brutalité et une inconscience excluant tout ménagement (« Eh bien ! demande Candide, Cunégonde ? — Elle est morte, reprit l'autre. ») et insiste dans son récit sur les détails qui peuvent porter à son comble la douleur de Candide (« Elle a été éventrée par des soldats bulgares, après avoir été violée autant qu'on peut l'être. »). Sa « généalogie » bouffonne de la vérole le mène à soutenir avec une absurdité péremptoire que ce fléau universel est « une chose indispensable dans le meilleur des mondes, un ingrédient nécessaire », puisqu'il a permis à l'Europe de connaître le cacao et la cochenille.

Candide, toujours influencé par son précepteur, continue à s'enquérir « de la cause et de l'effet et de la raison suffisante ». Mais ses exclamations et ses questions montrent qu'il **commence à marquer sa différence.** Ainsi la mort de Cunégonde le conduit à une interrogation iconoclaste — « Ah ! meilleur des mondes, où êtes-vous ? » — et spontanément il attribue au diable la souche des maladies vénériennes. Plus encore il interrompt les ratiocinations du docteur borgne pour le ramener à la réalité : « Voilà qui est admirable [...] mais il faut vous faire soigner. »

Simultanément **le jeune héros se rapproche du charitable anabaptiste Jacques,** sorte d'anti-Pangloss convaincu que les hommes ont corrompu la nature. Et il admire la générosité de ce personnage qui incarne et pratique les valeurs humaines auxquelles est attaché Candide.

Horreur et bouffonnerie

Pangloss, dont on se demande comment il a pu observer le massacre sans être atteint lui-même, raconte l'épouvantable disparition des habitants de Thunder-ten-Tronckh. Son mal n'est pas moins affreux : au XVIIIe siècle, la vérole fait autant de victimes que les guerres. Et pourtant, Voltaire **s'efforce de dominer l'horreur par la bouffonnerie.** C'est pourquoi il recourt systématiquement à la **plaisanterie** (« Pangloss ne perdit qu'un œil et qu'une oreille »), au **comique de situation** (Pangloss continue à discourir éperdument au lieu de penser à se soigner, et plus tard ratiocine sur le bateau sans se soucier de la tempête qui se prépare), au **burlesque** (« Je l'ai connu cet amour, ce souverain des cœurs, cette âme de notre âme ; il ne m'a jamais valu qu'un baiser et vingt coups de pied au cul »), ou à la **raillerie impertinente** (Paquette tenait son mal « d'un cordelier très savant [...] qui le devait à une marquise, qui le tenait d'un page, qui l'avait reçu d'un jésuite »). La démystification de l'homme passe par la « gaîté infernale » que Madame de Staël remarquait chez Voltaire.

CHAPITRE 5

RESUME

Les catastrophes continuent à fondre, toujours aussi injustement, sur Candide. La plus horrible des tempêtes se déchaîne au large de Lisbonne et engloutit le navire de

Jacques. Seuls en réchappent Candide, Pangloss et un matelot brutal qui a laissé périr le bon anabaptiste (et pourtant ce dernier, faisant face à tous les dangers sur le bateau, venait de le sauver).

A peine nos héros sont-ils arrivés à Lisbonne que se produit un tremblement de terre terrifiant et dévastateur : « trente mille habitants de tout âge et de tout sexe sont écrasés sous des ruines ». Candide est légèrement blessé, mais dès le lendemain son précepteur et lui-même participent aux opérations de sauvetage.

Pangloss, durant ces terribles événements, n'a jamais cessé de pérorer. Ses spéculations sur la finalité et son affirmation réitérée que « tout est bien » l'entraînent à une discussion courtoise avec un petit homme noir, officier de l'Inquisition, sur le péché originel, la liberté et le déterminisme. Il est arrêté pour ses propos subversifs.

COMMENTAIRE

Le tremblement de terre de Lisbonne

La capitale du Portugal est détruite le 1er novembre 1755 par un tremblement de terre accompagné d'un raz-de-marée et suivi d'un violent incendie. Voltaire apprend trois semaines plus tard l'étendue de cette catastrophe avec ses trente mille morts. Le voilà aussitôt ramené aux imaginations morbides qui l'obsédaient avant sa retraite des Délices. Frappé dans sa raison et sa sensibilité, il écrit à son ami Tronchin : « On sera bien embarrassé à deviner comment les lois du mouvement opèrent des désastres si effroyables dans le meilleur des mondes possibles. Cent mille fourmis, notre prochain, écrasées tout d'un coup dans notre fourmilière, et la moitié périssant sans doute dans des angoisses inexprimables au milieu des débris dont on ne peut les tirer... » Et il conçoit aussitôt son *Poème sur le désastre de Lisbonne ou examen de cet axiome : « Tout est bien »* qu'inspirent **la détresse** et la **révolte contre le scandale du Mal et contre toutes les impostures consolantes des philosophes providentialistes** :

Ô malheureux mortels ! ô terre déplorable !
Ô de tous les mortels assemblage effroyable !
D'inutiles douleurs éternel entretien !

Philosophes trompés qui criez : « Tout est bien » ;
Accourez, contemplez ces ruines affreuses,
Ces débris, ces lambeaux, ces cendres malheureuses,
[...]
Croyez-moi, quand la terre entrouvre ses abîmes,
Ma plainte est innocente et mes cris légitimes.
[...]
Un jour tout sera bien, voilà notre espérance ;
Tout est bien aujourd'hui, voilà l'illusion.

La « raison suffisante »

C'est une de ces **formules-scies** que Voltaire a vulgarisées par le ridicule, tout comme « le meilleur des mondes ». Pour Leibniz, tout effet suppose une cause intelligible qui l'explique : c'est ce qu'il appelle la raison suffisante. Le mot « raison » est d'ailleurs synonyme de « cause » dès le XVIIIe siècle. **Le ridicule réside dans la courte vue où se limite cette notion** : aucune cause ne peut être absolument « suffisante ». Voltaire utilise abondamment cet effet comique : Cunégonde songe « qu'elle pourrait bien être la raison suffisante du jeune Candide » (chap. 1) ; dans la bataille entre les Abares et les Bulgares, la baïonnette devient « la raison suffisante de la mort de quelques milliers d'hommes ».

Quand Pangloss cite « la raison universelle », il ne s'agit plus d'une cause, mais de la raison au sens de Descartes, le bon sens si bien partagé, c'est-à-dire la raison des philosophes du XVIIIe siècle. Ce n'est pas le nom qui est ridicule, mais l'adjonction de l'adjectif « universel », emprunté aux tenants de l'optimisme.

Devant chaque malheur particulier comme devant chaque désastre général, **Pangloss réagit toujours de la manière que l'on attend de lui :** la fin tragique de Jacques l'amène à prouver « que la rade de Lisbonne avait été formée exprès pour que cet anabaptiste s'y noyât » ; sa seule interrogation au moment du tremblement de terre porte sur « la raison suffisante de ce phénomène » ; à Candide blessé et implorant un peu de vin et d'huile, il n'offre qu'une théorie sur l'origine des tremblements de terre ; quand quelques citoyens désespérés lui offrent à dîner, il leur soutient de façon révoltante que « tout est bien » ; son obstination enfin à avoir le dernier mot devant l'officier de l'Inquisition le conduit à être emprisonné.

Incohérence ou signification profonde ?

L'**apparente incohérence** dans la succession des événements répond à **une intention profonde : l'existence paraît absurde à l'homme et il est incapable de la justifier.** Tout est désordre et la sottise de Pangloss est de vouloir introduire systématiquement une **causalité** pour expliquer l'imprévu. Dès lors le caractère invraisemblable des faits qui se succèdent, loin de signifier une négligence de l'auteur, reflète sa volonté d'illustrer sa conception maîtresse : l'homme est constamment dépassé par des événements dont la cause lui échappe.

Le récit, empreint de vivacité, bannit tout commentaire et toute recherche du pittoresque (en quoi il s'oppose au *Poème* cité plus haut). Les adjectifs (« publiques », « suffisante », « dernier », « première », « bonne », « universelle ») n'ont rien de pictural, non plus que les adverbes. Voltaire accumule des noms et des verbes présentant des choses et des faits qui parlent d'eux-mêmes. L'indication du nombre des mots possède une **valeur démonstrative et objective** dans un récit de rythme enlevé qui tend à prouver avec sobriété.

CHAPITRE 6

RESUME

Pour prévenir le renouvellement du séisme, l'Inquisition décide un autodafé : « il était décidé par l'université de Coïmbre que le spectacle de quelques personnes brûlées à petit feu [...] est un secret infaillible pour empêcher la terre de trembler. »

On arrête donc un Basque qui avait épousé sa commère, deux Portugais soupçonnés de judaïsme, Pangloss et Candide, « l'un pour avoir parlé, et l'autre pour avoir écouté ». Les trois premières victimes sont brûlées vives, Pangloss pendu et Candide seulement flagellé. Le même jour la terre tremble de nouveau avec un fracas épouvantable.

Candide, « prêché, fessé, absous et béni » commence à se demander si le monde est bien « le meilleur des mondes possibles » lorsqu'une vieille l'aborde.

COMMENTAIRE

L'Inquisition et l'autodafé

L'Inquisition est une procédure ecclésiastique dirigée contre les doctrines hétérodoxes. Ignorée du droit romain, la procédure inquisitoire attribuait aux juges et à un tribunal d'Église la fonction de rechercher et de poursuivre d'office les hérétiques en vue de les amener à faire pénitence. Installée en Italie au XIIe siècle, puis en France conjointement à la croisade des Albigeois, l'Inquisition s'implante en Espagne à la fin du XVe siècle ; elle y prend un caractère national, s'exerçant contre les chrétiens qui étaient juifs d'origine, et y transforme l'antijudaïsme assez tolérant des Pères de l'Église en un antijudaïsme racial qui a nourri l'antisémitisme des temps modernes. Au XVIIIe siècle l'Inquisition poursuit également les manquements à la loi religieuse, tels le blasphème ou la bigamie.

L'autodafé marque la purification de l'Église (*auto da fé* = acte de foi) par des cérémonies voulues exemplaires. Il est constitué par la lecture solennelle des jugements de l'Inquisition aux condamnés revêtus d'une casaque *(san benito)* et d'une mitre en carton sur laquelle sont peints des diables et des flammes ; le sens des flammes traduit le degré de culpabilité : les flammes droites annoncent la peine de mort et les flammes renversées la remise de cette peine. Puis vient l'exécution de la sentence : les impénitents et les relaps sont brûlés vifs, les repentants bénéficient de la faveur d'être étranglés avant d'être jetés au feu. Ceux qui échappent à la mort sont flagellés — comme Candide —, emprisonnés, exilés ou privés de leurs biens.

Mais revenons à *Candide*. L'épisode de l'autodafé repose en effet sur des **circonstances historiques** : le 20 juin 1756 eut lieu à Lisbonne un autodafé consécutif au tremblement de terre et Voltaire y fait référence dans son *Précis du siècle de Louis XV* : « Les Portugais crurent obtenir la clémence de Dieu en faisant brûler des Juifs et d'autres hommes dans ce qu'ils appellent un autodafé, acte de foi, que les autres nations regardent comme un acte de barbarie. » *Candide* souligne encore plus nettement les liens entre la catastrophe et le fanatisme qu'elle déchaîne : l'autodafé apparaît comme une manifestation de superstition cruelle fondée sur une raison aberrante. Voltaire condamne au passage le pouvoir arbitraire et discrétionnaire de l'Inquisition et souligne que l'autodafé, loin de revêtir un caractère spirituel, se déroule comme un carnaval cruel et ridicule.

La structure dramatique

En une quarantaine de lignes, **Voltaire concentre un grand nombre d'événements** : c'est ainsi que se succèdent la décision d'organiser un autodafé, le rassemblement des victimes, le déroulement de la cérémonie, l'exécution des sentences, la mise en liberté de Candide et la rencontre de la Vieille. En bon **metteur en scène,** l'auteur sait faire attendre les moments décisifs (il s'attarde à décrire la cérémonie, la coiffure des condamnés et le détail des flammes), fait l'économie de péripéties secondaires (on passe directement de la prison à la procession) ou surprend par des rebondissements imprévus (« Le même jour la terre trembla de nouveau »).

Ironie et humour

En ce qui concerne **l'ironie,** Voltaire affecte d'approuver les propos ou les gestes de l'adversaire : il feint de trouver logique la décision d'organiser un autodafé et attribue cette initiative, par **antiphrase,** aux « sages » de Lisbonne et à l'Université de Coïmbre qui a découvert une causalité entre l'autodafé et l'arrêt des séismes. L'ironie naît de l'accord apparent entre le conteur et les autorités, alors qu'en fait Voltaire considère les « sages » comme des fous dangereux et les théologiens de Coïmbre comme des extravagants stupides. Elle est renforcée par l'énonciation en chiasme des tremblements de terre au début et à la fin du second paragraphe et la mention au centre du même paragraphe et sous deux formulations différentes de la mesure absurde prétendant endiguer les phénomènes naturels.

D'autre part, l'**humour** est associé à l'ironie quand le narrateur annonce un « bel » autodafé (alors que le bûcher va être alimenté par des hommes) ; il n'est pas moins grinçant dans la définition de cette « grande cérémonie » comme le « spectacle de quelques personnes brûlées à petit feu », ce qui oppose les apparences pompeuses d'une liturgie solennelle à l'atrocité des réalités. On le relève dans l'emploi d'**euphémismes** (le cachot se transforme en « appartements d'une extrême fraîcheur, dans lesquels on n'était jamais incommodé du soleil ») ou d'**hyperboles** (Candide continue à invoquer Pangloss comme « le plus grand des philosophes », alors même qu'au chapitre précédent il s'impatientait du comportement odieux de son maître et commençait à mettre en cause ses théories).

Enfin, le **burlesque** se rattache à la volonté de travestissement destructeur qui domine dans ce chapitre. Voltaire emploie des termes bas pour traiter des sujets graves : Candide est « fessé en cadence, pendant qu'on chantait », « fessé » et non « flagellé », ce qui rend la réalité triviale et ridicule. Mais le sourire suscité par ce spectacle grotesque se fige au contact du sort atroce réservé aux autres condamnés : trois hommes sont brûlés et le quatrième pendu.

Conclusion

Ce chapitre s'inscrit dans la ligne de la lutte acharnée menée par Voltaire contre le fanatisme et les persécutions. L'ironie grimaçante, l'humour noir et le burlesque permettent à l'auteur d'éveiller dans les esprits, sous la légèreté apparente du ton, la conviction du **scandale** : le **mal** est **omniprésent**, mais l'homme ne pourrait-il cesser d'ajouter aux cataclysmes naturels les **horreurs engendrées par la superstition** ?

CHAPITRE 7

RESUME

La Vieille conduit Candide en grand mystère dans une masure, le guérit de ses plaies grâce à un onguent miraculeux puis, toujours aussi secrètement, le mène de nuit à une maison isolée dans un parc. Par un escalier dérobé, elle l'introduit dans un cabinet doré, l'y enferme et finalement revient avec une femme majestueuse couverte d'un voile et étincelante de pierreries. Candide soulève timidement le voile, reconnaît... Cunégonde et s'évanouit, tandis que sa bien-aimée perd connaissance.

Paroles entrecoupées, torrents de larmes et cris bruyants se succèdent en écho dès que les deux héros sont ranimés. Cunégonde a bien été violée et éventrée, mais « on ne meurt pas toujours de ces deux accidents ». Et avant de raconter le détail de sa terrible histoire elle demande à connaître les aventures de Candide.

Une scène de reconnaissance

Il s'en trouve dans beaucoup de tragédies de Voltaire, susceptibles de séduire un public passionné par les romans de Richardson, de Prévost, de Gueulette, de Cazotte, de Duclos ou de Crébillon et donc plus intéressé par des récits libertins que par des traités philosophiques, mais que les allusions galantes conduisent à goûter la critique idéologique ou sociale. Voltaire en profite pour se parodier lui-même : avec les retrouvailles de Candide et de Cunégonde, il offre un pendant sarcastique à celles de Zadig et d'Astarté, avec un double évanouissement en écho.

Le romanesque

Le **rôle miraculeux du hasard** (la rencontre toute vraisemblable de Candide et Cunégonde à Lisbonne, la guérison étonnamment rapide du héros) sert de masque à l'arbitraire de l'auteur et souligne l'incohérence des événements. Le **mystère** est accumulé à foison avec les déplacements clandestins et imprévus imposés à Candide par la Vieille — nouvel avatar d'un type littéraire fréquent dans le roman au XVIIe et au XVIIIe siècles, l'entremetteuse — et le **merveilleux** se concentre sur une apparition (« une femme tremblante, d'une taille majestueuse, brillante de pierreries, et couverte d'un voile »). Le **cadre** allie le secret, la discrétion (« un escalier dérobé ») et le luxe (un environnement de jardins et de canaux, un « cabinet doré », un « canapé de brocart ») auquel participent des vêtements constellés de pierreries.

Le discrédit du hasard

Le conteur s'applique à juxtaposer les **manifestations les plus excessives de la sensibilité** (évanouissements, mots entrecoupés, demandes et réponses entrecroisées et balbutiantes, soupirs, larmes et cris) et les met en relief de façon grotesque par la recommandation de la Vieille invitant le couple à « faire moins de bruit ». Il y ajoute les **métaphores** et les **clichés** les plus **conventionnels** qui parodient la pauvreté des formules utilisées dans les romans romanesques (« il retrouva ce qu'il aimait », il « regardait toute sa vie comme un songe funeste, et le moment présent comme un songe agréable », « elle parla [...] à Candide [...] qui la dévorait des yeux »).

Sa désinvolture à l'égard d'un genre et d'un style qu'il méprise permet à Voltaire d'éviter l'émotion, de dégrader ses personnages et de discréditer le hasard qui, dans ce conte pessimiste, symbolise les caprices saugrenus de la vie.

CHAPITRE 8

RESUME

Cunégonde raconte son terrible destin : son viol par un soldat bulgare qui la poignarde ; son sauvetage par un capitaine bulgare qui se dégoûte d'elle au bout de trois mois et la vend à un banquier juif portugais, Don Issachar ; la passion que conçoit pour elle le Grand Inquisiteur de Lisbonne ; le marché passé entre celui-ci et le banquier juif : tous deux auront alternativement la jouissance de Cunégonde.

Invitée à l'autodafé par le Grand Inquisiteur, Cunégonde est horrifiée quand elle reconnaît successivement Pangloss — qu'elle voit pendre —, puis Candide — qu'elle voit fouetter. Bouleversée, elle se domine en pensant que Dieu lui ramène Candide par tant d'épreuves. Elle charge la Vieille de soigner le jeune Westphalien et de le lui amener.

Les deux amants, tout à la joie de leurs retrouvailles, sont brusquement surpris par Don Issachar qui « venait jouir de ses droits, et expliquer son tendre amour ».

COMMENTAIRE

Un récit intercalé

Voltaire recourt au procédé qui consiste à intercaler un récit dans son récit, ce qui lui permet **une seconde version de la fin de Thunder-ten-Tronckh,** vue cette fois par Cunégonde. **Mais « l'Histoire de Cunégonde » demeure dans le droit fil philosophique du conte.** L'héroïne est restée une fidèle élève du « docteur » Pangloss — dont l'éducation lui sert de référence pour marquer son dédain rétrospectif à l'égard du capitaine bulgare, qui n'avait pas été frotté de philosophie. Comme aurait fait son précepteur, elle sait compenser son malheur général par des biens particuliers (« la peau blanche et douce » du capitaine bulgare) et apprécie la maison de campagne du banquier juif : « J'avais cru jusque-là qu'il n'y avait rien sur la terre [...] ou de si beau que le château de Thunder-ten-Tronckh ; j'ai été détrompée. » Son récit porte la trace, dès la première ligne, du providentialisme de Pangloss (« il plut au Ciel d'envoyer les Bulgares dans notre beau château de Thunder-ten-Tronckh ») et elle se console définitivement de tous ses malheurs à la seule vue de Candide : « Je louai Dieu, qui vous ramenait à moi par tant d'épreuves. »

La parodie du roman sensible

L'ardeur de la passion confine à une véritable **frénésie** dont les victimes sont irresponsables, aussi bien le grand bulgare brutal que son capitaine qui le tue, puis le Juif « qui aimait passionnément les femmes » et jusqu'au grand Inquisiteur qui, après avoir « lorgné » (jeté des œillades amoureuses) beaucoup Cunégonde, conclut avec le Juif un partage répugnant.

D'une part, c'est la **déchéance** de Cunégonde **devant la sensualité et la brutalité** des hommes. Héroïne romanesque accomplie au chapitre 1 — elle allie la beauté, la jeunesse et la noblesse —, Cunégonde subit une dégradation liée à sa propre sensualité. N'avoue-t-elle pas elle-même par une double négation son trouble devant le capitaine bulgare (« je ne nierai pas qu'il ne fût très bien fait, et qu'il n'eût la peau blanche et douce ») avant de se livrer à une comparaison d'une galanterie involontairement douteuse quand elle déclare à Candide : « votre peau est encore plus blanche, et d'un incarnat plus parfait que celle de mon capitaine des Bulgares » ? Il ne faut donc pas s'étonner que Cunégonde soit devenue un instrument de plaisir que le capitaine vend à un Juif, ni qu'après avoir été « apprivoisée » (comme un animal) elle fasse l'objet d'un partage sordide entre le Juif et l'Inquisiteur. Enlisée par ailleurs dans les côtés matériels d'une vie difficile, contrainte de blanchir des chemises, Cunégonde n'a plus rien de la dignité liée à sa classe sociale d'origine. Candide n'est pas plus à l'abri d'une telle dévaluation : quand Cunégonde se plaint du coup de couteau donné par le Bulgare dans le flanc gauche et précise douloureusement qu'elle en porte encore la marque, Candide, au lieu de compâtir par des exclamations apitoyées, voit là une occasion de satisfaire son ardeur amoureuse (« Hélas ! j'espère bien la voir »).

D'autre part, cette dégradation du romanesque est liée à une **parodie du ton moralisateur.** Pour justifier son infidélité, Cunégonde recourt à une maxime (« une personne d'honneur peut être violée une fois, mais sa vertu s'en affermit ») qui traduit combien la Westphalienne se situe aux antipodes des héroïnes de Richardson : Paméla triomphe de la sensualité ou de la perversion et surtout Clarisse Harlowe meurt de l'humiliation causée par une déchéance dont elle n'est pas responsable. Cunégonde au contraire, entretenue par deux hommes à la fois, proteste mensongèrement de sa vertu (au chapitre 13 la Vieille rétablira la vérité) et tire une leçon morale de son comportement : « c'est pour cette raison que j'ai toujours été aimée ».

Ainsi, Voltaire conduit avec adresse **une intrigue libertine**. La structure du chapitre repose sur un schéma reproduit à deux reprises : Cunégonde, victime des brutalités d'un homme, passe, non sans complaisance de sa part, sous la dépendance d'un nouveau maître. Au moment où ses malheurs paraissent prendre fin par un souper en tête à tête, attendu impatiemment par l'héroïne, un nouveau rebondissement prive le lecteur d'une grande scène de transports galants et relance l'intrigue.

Canapé et philosophie

Dans les romans libertins du XVIIIe siècle le mot de *souper*, qui symbolise une rencontre amoureuse, fait écho avec *canapé*. Ce n'est pas par hasard que Voltaire fait clore le très long discours de Cunégonde par trois phrases brèves et engageantes (« Vous devez avoir une faim dévorante ; j'ai grand appétit ; commençons par souper. ») et que l'héroïne se trouve de nouveau sur le canapé de brocart quand survient Don Issachar.

L'intrusion de Don Issachar est nécessaire à la logique philosophique du conte : elle réduit l'amour romanesque à une pure illusion et interdit aux deux héros, réunis sur le canapé, la possibilité de penser, après tant de malheurs, que « tout est bien » ; c'est bien le hasard, et non la providence, qui dirige leur existence.

CHAPITRE 9

RESUME

Don Issachar surprend les deux amants : fou de rage, il cherche à poignarder Candide, mais celui-ci le tue d'un coup d'épée. Le Grand Inquisiteur survient à son tour dans l'appartement de Cunégonde. Candide, craignant d'être reconnu, le transperce de part en part. Candide, Cunégonde et la Vieille s'enfuient précipitamment sur trois chevaux andalous en direction de Cadix.

COMMENTAIRE

L'art du conte

D'une part, le titre du chapitre (« Ce qui advint de Cunégonde, de Candide, du Grand Inquisiteur, et d'un Juif »), formé sur le modèle des interrogations indirectes en usage dans les romans romanesques, permet à Voltaire de parodier l'absence d'ingéniosité de ses contemporains romanciers, tout en permettant un contraste avec la précipitation des événements qui vont suivre : deux meurtres en cinquante lignes. Ainsi est relancée la **structure d'une narration qui,** après le récit intercalé de Cunégonde au chapitre 8, **recommence à accumuler périls et péripéties.**

D'autre part, le conteur **stylise** les caractères de ses personnages et **schématise** leurs réactions. Don Issachar se comporte conformément à la dominante que lui a attribuée Voltaire : c'est « le plus colérique Hébreu qu'on eût vu dans Israël, depuis la captivité en Babylone. » ; il en vient donc immédiatement aux injures et sort son poignard. Le prélat de l'Inquisition, de par ses fonctions, est habitué à être écouté en toute circonstance ; c'est pourquoi il ne se méfie pas de Candide quand il le voit l'épée à la main. Et le formalisme hérité de Pangloss conduit Candide à ennoblir sa motivation après le double meurtre ; ce n'est pas à l'entendre la crainte qui le poussait, mais une maxime sentencieuse le justifie : « Ma belle demoiselle, quand on est amoureux, jaloux, et fouetté par l'Inquisition, on ne se connaît plus. »

Enfin, l'alternance entre le passé simple, l'imparfait et le présent, appliqués à des durées différentes, donne un **rythme allègre** au récit.

On remarquera par exemple le jeu des temps dans l'avant-dernier paragraphe : « Aussitôt Candide selle les trois chevaux. Cunégonde, la vieille, et lui, font trente milles d'une traite. Pendant qu'ils s'éloignaient, la Ste Hermandad arrive dans la maison, on enterre monseigneur dans une belle église et on jette Issachar à la voirie. »

Et pour finir, **l'intervention permanente du narrateur** contribue au rythme du récit tout en permettant au lecteur une distanciation par rapport à l'événement. Candide est qualifié de « notre bon Westphalien » au moment où il tire son épée et le lecteur se voit pris à témoin de façon burlesque dans la séquence suivante : « vous étend l'israélite roide mort ». L'auteur lance un clin d'œil supplémentaire quand, parodiant toujours le roman romanesque et ses moments traditionnels de monologue intérieur, il introduit la réaction du héros à l'entrée de l'Inquisiteur : « Voici dans ce moment ce qui se passa dans l'âme de Candide, et comment il raisonna. »

CHAPITRE 10

RESUME

Après une halte dans une auberge, Cunégonde constate qu'on lui a volé ses diamants. La Vieille soupçonne un cordelier et, les fugitifs se trouvant à court d'argent, conseille de vendre un des trois chevaux avant de reprendre la route.

Candide arrive à Cadix au moment où on assemble une armée et une flotte pour « mettre à la raison les révérends pères jésuites du Paraguay », accusés de rébellion contre les rois d'Espagne et du Portugal.

Une démonstration de ses talents dans l'exercice à la bulgare lui vaut un engagement comme capitaine et il s'embarque avec Cunégonde, la Vieille et deux valets. Sur le bateau la discussion s'engage sur le problème du bien et du mal. Candide soutient que le Nouveau Monde est le meilleur des mondes possibles, tandis que Cunégonde se déclare la plus malheureuse des femmes. La Vieille, piquée par cette réflexion de sa maîtresse, se décide à raconter sa propre histoire.

COMMENTAIRE

Un chapitre de transition

Les héros du conte reprennent souffle sur le bateau qui les emporte vers le Paraguay. Mais le voyage terrestre et la traversée s'intègrent dans la pespective romanesque.

Ainsi, le commentaire de Candide sur le vol dont a été victime Cunégonde révèle une **incertitude naissante** : le héros ne déplore-t-il pas l'inefficacité des théories de Pangloss sur le comportement du cordelier ?

D'ailleurs, cette **évolution** est encore plus **sensible** dans la discussion entre les « trois philosophes sur un bateau » (André Magnan). Candide reconnaît tout ce qu'il y a d'imparfait dans une Europe où règnent la souffrance et le péché. Et Cunégonde, après avoir constaté en écho que son âme est « tout effarouchée » de ce qu'elle a vu et éprouvé, renchérit dans une discussion avec la Vieille — discussion qui parodie la « pesée des bonheurs » chère à Leibniz : « Hélas ! lui dit-elle, ma bonne, à moins que vous n'ayez été violée par deux Bulgares, que n'ayez reçu deux coups de couteau dans le ventre, qu'on n'ait démoli deux de vos châteaux, qu'on n'ait égorgé à vos yeux deux mères et deux pères, et que vous n'ayez vu deux de vos amants fouettés dans un autodafé, je ne vois pas que vous puissiez l'emporter sur moi ; ajoutez que je sui née baronne avec soixante et douze quartiers, et que j'ai été cuisinière. »

Cette évolution **ne va pas jusqu'à une mise en cause fondamentale de l'optimisme.** « Mon cœur est presque fermé à l'espérance », soupire Cunégonde, mais la restriction (« presque ») montre que l'héroïne reste en fait fidèle au providentialisme. Et Candide, distinguant comme aurait pu le faire Pangloss entre l'Europe et l'Amérique, retrouve un optimisme résolu : « Tout ira bien, répliquait Candide ; la mer de ce nouveau monde vaut déjà mieux que les mers de notre Europe ; elle est plus calme, les vents plus constants. C'est certainement le nouveau monde qui est le meilleur des univers possibles. »

L'histoire de la Vieille, dans les chapitres 11 et 12, va donc intervenir au bon moment pour rappeler, à l'instant où Candide s'abandonne à ses rêves de régénération et d'espoir, **l'omniprésence du malheur.**

L'**habileté des préparations** apparaît avec le vol des diamants qui permettra le rebondissement de l'action au chapitre 13 et la présence de deux valets, dont l'un jouera un rôle essentiel à partir du chapitre 14.

La présence de Voltaire

D'une part, la **satire des gens d'Église** apparaît dans leur comportement. Voltaire souligne la luxure qui sera fatale au prélat de l'Inquisition, arrivé chez Cunégonde le dimanche dès une heure du matin pour jouir de ses droits. Quant au vol, il prend une coloration voltairienne. Les romans **picaresques,** dont Lesage a donné deux modèles avec *Le Diable boîteux* (1707) et *l'Histoire de Gil Blas de Santillane* (1715 à 1735), racontent les aventures d'un « picaro », pauvre diable plutôt sympathique et dans ce genre romanesque, il arrive toujours au héros d'être volé dans une auberge. Mais au chapitre 10 de *Candide* le coupable est un révérend père cordelier qui a une conception très personnelle de sa mission de moine quêteur.

D'autre part, le nouveau recrutement de Candide permet une nouvelle satire de la guerre et ridiculise une seconde fois la façon dont on rassemble ceux que Voltaire appelera au chapitre 20 des « assassins enrégimentés ». La nomination de Candide comme capitaine accentue la dérision : la seule action militaire du héros n'est-elle pas sa désertion au cours de la bataille engagée par les Bulgares contre les Abares ? Enfin, la guerre est évoquée de manière obsédante : même les jésuites se battent au Paraguay contre les rois d'Espagne et du Portugal.

Enfin, le geste de Candide tuant au Portugal un Juif et un Inquisiteur prend une double signification symbolique : les représentants des deux religions n'ont été d'accord que pour conclure un marché douteux et la mort du Grand Inquisiteur apparaît comme une **sanction du fanatisme et des horreurs de l'Inquisition.**

CHAPITRE 11

RESUME

La Vieille raconte sa terrible histoire. Fille du pape Urbain X et de la princesse de Palestrine, elle a grandi « en beauté, en grâces, en talents, au milieu des plaisirs, des respects et des espérances » « [...] dans un palais auquel tous les châteaux des barons allemands n'auraient pas servi d'écurie ». L'épouvantable succession de ses malheurs a commencé avec l'empoisonnement d'un fiancé qu'elle adorait et qui est mort sous ses yeux. Sa mère et elle-même ont été enlevées au large de Rome par des corsaires barbaresques qui les ont violées et emmenées au Maroc alors que la guerre civile y faisait rage. A peine débarquées, elles ont été prises dans un combat d'une violence sauvage où les pirates et leurs captives laissèrent la vie et à l'issue duquel la princesse est demeurée « mourante sur un tas de morts. »

CHAPITRE 12

RESUME

La princesse est sauvée par un Napolitain dont, tout enfant, on a fait un castrat et qui a été plus tard musicien de sa mère, mais qui la trahit et la vend au dey d'Alger. Une épidémie de peste ravage alors cette ville. La princesse guérit de la maladie, mais le dey en meurt et on vend son sérail. De marchand d'esclaves en marchand d'esclaves, la princesse passe à Tunis, à Tripoli, à Alexandrie, à Smyrne et finalement à Constantinople où elle échoit à un commandant turc qui part défendre Azof contre les Russes, l'emmène avec son sérail et la place sous la garde de vingt janissaires. Ceux-ci, enfermés dans un fort, sont bientôt les seuls survivants de l'armée turque : affamés par leurs assiégeants, ils mangent deux eunuques, puis se résolvent à manger les femmes, mais un « iman très pieux et très compatissant » les convainc de couper « seulement une fesse à chacune de ces dames ». Aucun janissaire n'échappe à l'assaut final des Turcs et la princesse, guérie par un chirurgien français, devient l'esclave d'un seigneur moscovite qui la roue de coups. Elle s'enfuit et sera désormais servante de cabaret dans de nombreuses villes d'Allemagne et de Hollande, vieillissant « dans la misère et dans l'opprobre » et résistant à la fréquente tentation du suicide par un profond amour de la vie. Son dernier maître, Don Issachar, la place auprès de Cunégonde, à qui elle s'attache.

Au terme de son terrible récit, la Vieille propose une gageure : que chaque passager raconte l'histoire de son existence et on verra « s'il s'en trouve un seul qui n'ait souvent maudit sa vie ».

COMMENTAIRE

Une réflexion sociologique

Voltaire aborde plusieurs sujets qui reviennent souvent dans la littérature du siècle.

En effet, l'**enlèvement par les barbaresques** est un thème courant. René Pomeau, dans son édition critique de *Candide,* en cite des exemples chez Prévost (*Mémoires pour servir l'histoire de Malte,* 1741), Caylus (*Les Soirées du Bois de Boulogne,* 1742), Mademoiselle de Lubert (*Léonille,* 1755), l'Escalopier de Nourar (*Mémoires de deux amis,* 1756). Il ajoute que « Molière pour ses dénouements eut parfois recours à de telles aventures : dans *L'Étourdi,* l'héroïne fut en son enfance enlevée par une Égyptienne ; dans *L'Avare,* une Italienne et sa fille, capturées par des corsaires, passent dix années en esclavage. Voltaire lui-même, dans *Scarmentado,* imagine que son héros, prisonnier de corsaires nègres, ne fut racheté qu'au bout d'un an. Dans sa tragédie de *Fanine,* jouée aux Délices en 1757 et 1758, l'action se situe en Afrique du Nord, et l'un des personnages, la jeune Atide, est une captive chrétienne ».

Mais le conteur cherche dans l'enlèvement une occasion de souligner le dénuement que connaissent Scarmentado ou la princesse de Palestrine (qui n'est pas encore la Vieille) lors de leur capture par les corsaires. Il ne s'agit pas, comme dans les comédies de Molière, d'une péripétie destinée à permettre un rebondissement dans l'action ou à permettre le dénouement, mais d'un **prétexte pour développer le thème de la désolation humaine** à partir d'un malheur qui se produit encore assez fréquemment au XVIIIe siècle.

D'autre part, Voltaire souligne **l'existence de castrats.** Jusqu'au XVIIe siècle, l'Église la justifie par l'interdiction pour les femmes d'accéder au chœur des églises et par les difficultés de la formation musicale des enfants de maîtrise ; puis, au XVIIIe siècle, le théâtre lyrique les recherche pour la qualité, l'étendue et la sonorité de leur voix — au point que leur gloire devient un phénomène de société. Si Voltaire exagère sensiblement le nombre des victimes de cette manipulation (« Je suis né à Naples [...] on y chaponne deux ou trois mille enfants tous les ans »), c'est qu'en ce domaine comme en bien d'autres, il est mû par l'indignation.

Enfin, le **problème du suicide** est un thème d'actualité. Sensible à la succession de suicides entraînés en 1720 par la faillite de Law, Montesquieu avait consacré à cette question deux de ses *Lettres persanes* (76 et 77). Voltaire rédige en 1729 un article *Du suicide* qu'il incorporera aux *Questions sur l'Encyclopédie :* « Il ne sera jamais à craindre que cette folie de se tuer devienne une maladie épidémique ; la nature y a trop bien pourvu ; l'espérance, la crainte sont les ressorts puissants dont elle se sert pour arrêter presque toujours la main du malheureux prêt à se frapper. » Et de fait aucun des personnages de *Candide,* malgré la succession des malheurs qui s'abattent sur eux, ne se suicide. C'est seulement une fois que tout est saccagé dans leur vie qu'ils peuvent enfin naître à eux-mêmes : « Je me suis attachée à votre destinée », constate la Vieille devant Cunégonde au terme du récit de ses misères, « et j'ai été plus occupée de vos aventures que des miennes. »

Une nouvelle « histoire intercalée »

Voltaire la justifie par la nécessité d'utiliser un temps mort de l'action, la longue traversée vers le Paraguay (il est « d'usage, dans un vaisseau, fait-il dire à la Vieille, de conter des histoires pour se désennuyer »). Mais elle répond à trois intentions.

Si les malheurs de la Vieille — et l'ancienne princesse le souligne à deux reprises — dépassent en horreur ceux qu'ont éprouvé les deux héros depuis le début du conte, on peut y voir **l'annonce de l'odyssée de Candide et de la triste destinée de Cunégonde.**

Ainsi, avec les terribles aventures de la Vieille, Voltaire réussit à présenter comme **ordinaires** toutes **les formes des instincts mauvais de l'humanité** : « c'est un usage établi de temps immémorial parmi les nations [...] qui courent sur mer » ; « c'est une loi du droit des gens à laquelle on n'a jamais dérogé » ; « il nous dit à toutes de nous consoler [...] c'était la loi de la guerre ». Cette banalité justifie que Voltaire refuse à l'ancienne princesse la ressource de disparaître dans une mort qu'elle a si souvent côtoyée : « *Candide*, observe Jacques Van den Heuvel, se place sous le signe de la chirurgie et de la cicatrisation [...] il faut que les personnages subsistent pour témoigner d'un certain degré de l'existence humaine où les illusions ont été grattées jusqu'à l'os. » (*Voltaire dans ses contes*, p. 264)

Pour finir, l'histoire de la Vieille permet à Candide et Cunégonde de faire connaissance avec la totalité du mal. Elle ruine l'espoir proclamé par Candide au chapitre 10 (« Tout ira bien ») et prouve à Cunégonde qu'il existe des destinées bien pires que la sienne. Il s'agit donc d'**une leçon administrée aux deux héros** et le lecteur se demande dès lors s'ils en ont tiré profit.

Guide pour une étude littéraire des chapitres 11 et 12

La dégradation du romanesque

— Une **« histoire anti-romanesque »** où le sentiment est constamment gommé par le réalisme.

— Une **œuvre d'historien** où la documentation et la critique historique s'allient au sens du drame et au souci de détail pour donner la **vraisemblance indispensable à une fiction conçue comme le véhicule d'une démonstration.**

— Le prétexte à une **analyse sociologique** (les enlèvements ; les castrats les suicides).

La démolition de l'optimisme

— Une **somme concrète des malheurs** possibles de l'humanité.

— La **dénonciation de l'optimisme.**

— La **gaieté « satanique » du conteur** : humour, ironie, burlesque, intrusions de l'auteur sont mis au service d'une distanciation critique. Voltaire démystifie son personnage et donne à l'histoire de la Vieille une signification philosophique.

CHAPITRE 13

RESUME

Sur le bateau les passagers racontent successivement leurs aventures. Le triste bilan de ces « histoires », venant après le long récit de la Vieille, conduit Candide, en dépit des théories inculquées par Pangloss, à prendre conscience de l'existence du mal.

Arrivés à Buenos Aires, les deux jeunes gens sont reçus par le gouverneur Don Fernando d'Ibaraa, y Figueora, y Mascarenes, y Lampourdos, y Souza auquel Candide demande imprudemment de célébrer son mariage avec Cunégonde. Le gouverneur éloigne Candide et propose à Cunégonde de l'épouser. La Vieille suggère à sa protégée d'accepter pour « faire la fortune de monsieur le capitaine Candide ».

Au même moment accoste à Buenos Aires un alcade qui vient de Lisbonne pour arrêter Candide et Cunégonde : le cordelier, dénoncé par un receleur, a été pendu, mais il a avoué auparavant qu'il avait volé les bijoux à Cunégonde et on a ainsi identifié l'assassin du Grand Inquisiteur. La Vieille conseille à Cunégonde de ne pas s'inquiéter (« le gouverneur, qui vous aime, ne souffrira pas qu'on vous maltraite ») et à Candide de fuir précipitamment.

COMMENTAIRE

De *Manon Lescaut* à *Candide*

Voltaire **structure son roman en recourant à la technique romanesque éprouvée de l'abbé Prévost.** Candide n'a-t-il pas vendu un de ses trois chevaux andalous (chapitre 10) comme avait fait des Grieux en partant du Havre ? N'est-il pas comme des Grieux rassuré à mesure qu'il approche du Nouveau Monde ? L'aventure américaine s'engage sous l'effet d'une situation romanesque analogue : soucieux de régulariser leur situation, Candide et des Grieux avouent que Cunégonde et Manon ne sont pas leur légitime épouse. Et Candide devra fuir dans le désert (chapitre 14) comme des Grieux en compagnie de Manon.

La **présentation de l'amour** par Voltaire n'est pas moins **pessimiste** que celle de Prévost. Comme des Grieux, Candide, depuis le premier instant de sa passion, est pris dans un engrenage inexorable. Les brefs instants de repos et de bonheur que semblait devoir lui offrir Buenos Aires sont instantanément gâchés. Et il repart pour de nouvelles aventures dans une fuite éperdue, obligé de laisser sur place une Cunégonde qui l'a trahi.

L'art de relancer l'action

Voltaire **se refuse à tout détail pittoresque** sur l'approche du continent américain, les paysages, le site, l'accostage et l'accueil des habitants. Une phrase brève comme un constat : « On aborda dans Buenos-Ayres. » La réalité n'intéresse le conteur que si elle peut lui permettre une parodie et une surenchère : après les deux longs récits de Cunégonde (chapitres 8 et 9) et de la Vieille (chapitres 11 et 12), il reprend vivement le récit en main. **Les péripéties de l'action se bousculent,** ramenées avec désinvolture à une **structure très schématisée** (l'abordage, la visite chez le gouverneur, la mise à l'écart de Candide, la déclaration amoureuse du gouverneur, la trahison de Cunégonde, l'arrivée de la justice portugaise, la fuite de Candide). L'art de Voltaire tient dans la mise en place d'un rythme ininterrompu éliminant tout temps mort et qui associe le lecteur au mouvement.

Les personnages secondaires

Le gouverneur Don Fernando, au patronyme caricatural, représente la morgue ibérique et la « fierté convenable à un homme qui portait tant de noms ». Paroles, sourire et comportement sont à l'unisson de ce personnage qui faisait écrire à Lanson (*Voltaire*, p. 153) : « Toutes les idées que Voltaire se fait de la société et des parties qui la composent, des gouvernements, de la religion et des mœurs des divers pays [...] déterminent le choix des actes et des propos qui expriment ses personnages. »

Ce personnage sert de révélateur. Si l'on pouvait encore concevoir quelques doutes sur la moralité de Cunégonde, obligée à des compromissions dans des circonstances très difficiles, son intérêt immédiat pour l'offre du gouverneur (l'épouser le lendemain « à la face de l'Église, ou autrement, ainsi qu'il plairait à ses charmes ») souligne immédiatement sa dégradation : légère et sensuelle, Cunégonde poursuit une carrière de femme galante dont elle s'accommode fort bien.

D'autre part, les propos de la Vieille dépassent nettement le personnage traditionnel de l'entremetteuse qui conseille sans scrupule à Cunégonde d'épouser le gouverneur et de faire la fortune de Candide. Ses terribles aventures lui ont donné expérience, réalisme et sagesse. Elle est parfaitement consciente qu'il faut pour survivre adapter ses désirs aux réalités. N'est-ce pas cette prise de conscience qui permet l'apprentissage de la vie dans un monde absurde où la mort constitue une menace perpétuellement présente ?

CHAPITRE 14

RESUME

Désespéré de devoir fuir loin de Cunégonde, Candide est entraîné vers le Paraguay par son valet Cacambo qui lui conseille de changer de camp et de se mettre au service des jésuites. Natif du Tucuman, une province du Paraguay, Cacambo connaît bien le royaume des prêtres jésuites : les pères « y ont tout et le peuple rien ; c'est le chef-d'œuvre de la raison et de la justice ».

Les deux fugitifs, après avoir essuyé l'extrême méfiance des militaires paraguayens, sont reçus par le commandant. « Ô Ciel ! » « Quel miracle ! » C'est... le frère de Cunégonde. Tout à la joie de leurs retrouvailles, versant « des ruisseaux de larmes », Candide et le baron entament devant une bonne table le récit de leurs aventures.

COMMENTAIRE

Structure

Son **schéma** :

— la fuite de Candide sous la conduite de son nouveau guide ;

— le tableau du royaume des jésuites ;

— l'accueil au camp des jésuites ;

— la grande scène de reconnaissance entre Candide et le baron jésuite.

L'**alternance entre les accélérations et les ralentissements** (Cacambo précipite le départ de Candide, puis se lance dans une longue description de l'État jésuite du Paraguay ; à l'arrivée au camp des jésuites on se saisit vivement des deux arrivants, puis des palabres cassent le mouvement).

La préparation des rebondissements futurs

La morgue du commandant (qui a hérité toutes les qualités de son père, le baron Thunder-ten-Tronckh) annonce sa violente réaction quand Candide prétendra à la main de sa sœur Cunégonde.

L'exclamation de Candide (« Ô Pangloss ! Pangloss ! que vous seriez aise si vous n'aviez pas été pendu ! ») entretient une brève suspicion sur la réalité de cette pendaison — qui s'avérera non réelle au chapitre 27.

Le comportement ségrégatif des jésuites à l'égard des Paraguayens laisse prévoir la haine des Oreillons envers les conquérants jésuites.

Le thème de l'esclavage — développé au chapitre 19 —, est annoncé par une formule du récit (« Le commandant fit retirer les esclaves nègres »).

Un nouveau compagnon, Cacambo

D'une part, ce personnage **picaresque,** né entre le Paraguay et le Pérou, est un grand voyageur, riche d'une grande expérience des hommes et des milieux sociaux. Il a connu bien des métiers avant que Candide l'engage à Cadix : n'a-t-il pas été « enfant de chœur, sacristain, matelot, moine, facteur, soldat, laquais » ? Sa **lucidité** n'exclut pas la **misogynie** (« les femmes ne sont jamais embarrassées d'elles ; Dieu y pourvoit ») et le conduit à jeter sur l'état jésuite du Paraguay un **regard critique** digne d'un philosophe du XVIIIe siècle se référant à la « raison » et à la « justice ». C'est un **homme de terrain,** qui s'adapte à toutes les réalités, et un **homme d'action,** qui met au service de son maître une rapidité d'esprit, un dynamisme et une intelligence combinatrice qui annoncent le Figaro du *Barbier de Séville*.

D'autre part, Cacambo possède des **antécédents littéraires** : les valets de Molière, fertiles en stratagèmes et en expédients, toujours prêts à exploiter les ressources de leur intelligence (le Mascarille de l'*Étourdi* ou le Scapin des *Fourberies*), le Gil Blas de Lesage, courageux dans la mesure où la lâcheté risquerait de lui nuire et conscient que, devant les calamités imprévisibles du destin, la seule sagesse consiste à supporter en espérant ou en s'adaptant.

Enfin, tel le Mentor du *Télémaque*, Cacambo va servir de guide et de conseiller à Candide durant tout son séjour en Amérique du Sud. Cet aventurier optimiste, exempt de tout a priori, séduit Candide par son généreux dynamisme et mène le jeu, offrant ainsi au conte une nouvelle accélération.

La satire des jésuites

Voltaire souligne au fil du chapitre le despotisme des jésuites, leurs conceptions théocratiques, leur orgueil qui n'a rien de chrétien, l'exploitation de type colonialiste à laquelle ils se livrent, leur pratique de l'esclavage, leur militarisme formaliste, leur goût du luxe et de la bonne chère.

Ainsi l'habileté de la satire consiste-t-elle dans une double présentation des jésuites, d'abord par le témoignage apparemment objectif de Cacambo, ensuite par une scène prise sur le vif dans le camp des jésuites où les prêtres-soldats, à commencer par le baron, se caricaturent eux-mêmes à plaisir.

Stylistique

Une analyse détaillée du style de Voltaire dans les trois derniers paragraphes du chapitre, au moment où se retrouvent Candide et le baron, peut permettre de faire ressortir :

— La **variété des adjectifs et des participes.** Si Cunégonde est conventionnellement « belle », le péjoratif « sale » surprend, s'agissant de Westphalie (n'est-ce pas un signe d'émancipation naissante chez Candide ?) ; l'adjectif verbal « étincelante » souligne la joie des cœurs (et l'ivresse en fin d'un long repas) et des participes comme « baignés de pleurs », « étonné », « attendri » peignent les personnages.

— L'usage constant de l'**hyperbole** qui souligne l'enflure grandiloquente de la scène (« miracle », « mille fois », « prodige sur prodige ») et des sentiments (« des ruisseaux de larmes », « leurs visages étaient baignés de pleurs »). Voltaire parodie la sensiblerie si appréciée de ses contemporains chez Richardson.

— La **pertinence dans l'emploi des temps.** Les présents de narration expriment les instants les plus pathétiques de cette scène de retrouvailles ; les imparfaits prolongent les effusions et leurs effets physiologiques.

— La **symétrie dans les incises** (dit le Jésuite ; s'écria le commandant ; dit le commandant) et la **reprise de phrases ternaires en écho**, donnant un rythme à la rencontre.

— Le recours au **style direct** pour donner de la force à l'expression.

— L'usage des **interjections** (Ô Ciel ! Quel miracle ! Quoi !), des **apostrophes** (Ô Pangloss ! Pangloss !), de l'**anaphore** (vous... vous... vous...) pour souligner la joie exubérante des personnages.

CHAPITRE 15

RESUME

Le baron raconte les dernières heures de Thunder-ten-Tronckh. Au moment où on allait l'enterrer, un prêtre remarque un tressaillement de sa paupière. Des jésuites le soignent efficacement, le guérissent et leur révérend père, sensible à la beauté du jeune baron, conçoit pour lui « la plus tendre amitié ». Il est ensuite recruté comme sous-diacre et lieutenant par le père général des jésuites, qui organisait une levée de troupes pour le royaume du Paraguay. Il s'y bat maintenant, comme colonel et comme prêtre, contre les troupes du roi d'Espagne et espère entrer bientôt en vainqueur à Buenos Aires pour reprendre Cunégonde au gouverneur avec l'aide de Candide, « son frère, son sauveur ».

Mais Candide avoue son intention d'épouser Cunégonde et les choses se gâtent. Le baron lui objecte qu'il n'a pas soixante-douze quartiers de noblesse, le traite d'impudent coquin et lui donne un coup de plat d'épée sur le visage. Candide tire son épée, « l'enfonce jusqu'à la garde dans le ventre du baron jésuite » et se répand en lamentations.

Cacambo, ne perdant pas son sang-froid, oblige son maître, pour donner le change, à revêtir la robe et le bonnet carré du mort. Et voilà nos héros repartis dans une fuite éperdue.

COMMENTAIRE

La parodie du romanesque

Voltaire accumule dans le chapitre 15 **tous les éléments du roman d'aventures : l'histoire en abîme** du baron, les **retrouvailles émouvantes** de Candide et du baron, la mise en place **miraculeuse** de ces retrouvailles dans le Nouveau Monde, la **destinée brillante** du baron jésuite, les **amours contrariées** de Candide et de Cunégonde, le meurtre du baron, le **travestissement** de Candide, sa **fuite** éperdue.

Cette concentration des procédés romanesques constitue pour le conteur un moyen de faire ressortir l'absurdité incohérente de l'existence. La surenchère dans l'utilisation des poncifs permet une démystification totale de la vie humaine.

De la critique sociale à la critique philosophique

Voltaire ménage un contraste entre la joie fraternelle des deux amis d'enfance qui se retrouvaient à la fin du chapitre 14 et l'absurdité de leur comportement lorsque la **barrière sociale** brise les élans du cœur. La **bâtardise** interdit à Candide la réalisation de son rêve amoureux, sauf si le rapport des forces est modifié : Candide peut alors affirmer que tous « les hommes sont égaux » (en se référant curieusement à Pangloss, théoricien servile du système hiérarchisé tout-puissant en Westphalie). Et quand il enfonce son épée dans le ventre du baron jésuite, c'est la **société aristocratique de Thunder-ten-Tronckh qui est détruite une nouvelle fois.**

Le meurtre du baron ne traduit pas seulement la rupture définitive de Candide avec l'univers de Thunder-ten-Tronckh, il marque aussi le début de sa libération : l'Eldorado peut désormais lui permettre (chapitre 17) de naître à lui-même.

CHAPITRE 16

RESUME

Fuyant le Paraguay, Candide s'est revêtu de la robe du baron jésuite pour passer inaperçu ; escorté du fidèle

Cacambo, il s'enfonce profondément dans un pays inconnu. Saisi de pitié à la vue soudaine de deux jeunes filles nues qu'il croit poursuivies par deux singes, il tue de son fusil les primates. Mais le désespoir des demoiselles conduit Cacambo à lui expliquer sa méprise : « Pourquoi trouvez-vous étrange que dans quelques pays il y ait des singes qui obtiennent les bonnes grâces des dames ? »

Dénoncés pour ce double meurtre et pris pour des jésuites, nos héros se retrouvent prisonniers des indigènes, les Oreillons. Ces anthropophages, qui sont en lutte contre l'oppression des jésuites paraguayens, préparent marmites et broches aux cris de « mangeons du jésuite, mangeons du jésuite ! ».

Une harangue très cicéronienne de Cacambo convainc les Oreillons de faire vérifier préalablement l'identité de leurs prisonniers. Une fois convaincus de leur erreur, ces bons sauvages, respecteux de la loi naturelle, relâchent Candide et Cacambo, puis les reconduisent fort civilement à la frontière de leur pays. Sa délivrance émerveille Candide qui conclut naïvement à la « pure bonté » de la nature puisque les Oreillons, au lieu de le manger, l'ont comblé de cadeaux à la seule idée qu'il n'était pas jésuite.

COMMENTAIRE

Cacambo, un mentor picaresque

Aussi prévoyant et habile que son maître est naïf et maladroit, Cacambo connaît les hommes et sait comment les convaincre. Ce personnage, superbe d'allant et qui annonce le Figaro de Beaumarchais, joue un rôle important dans l'unité du conte : ne déjoue-t-il pas constamment les pièges qui menacent son maître ? Ce **vigilant mentor** permet ainsi à l'action de repartir de façon endiablée.

Roman ou antiroman ?

Le chapitre se rattache aux romans de l'époque par une succession de scénarios conventionnels : la fuite — sous un déguisement — du héros pourchassé par ses ennemis, son « désespoir » d'amour, son assistance — à contretemps — à deux personnes qu'il croit être des « demoiselles de condition », la présence constante auprès de lui d'un mentor qui le conseille, sa capture, son exposition à une mort affreuse et son sauvetage. Le génie de Voltaire consiste à accepter les canons de la mode littéraire et les idées simplistes de son temps pour séduire le lecteur et le mettre de son côté dans la lutte philosophique.

Mais le **burlesque** est toujours présent. Voltaire consacre à la dénonciation de la guerre le discours de Cacambo construit selon toutes les règles de la rhétorique et nourri de traits d'une ironie à froid terriblement efficace (« le droit naturel nous enseigne à tuer notre prochain ») : le burlesque consiste à convaincre par cette éloquence de grand style... des anthropophages.

Les « scies » de Voltaire et de Candide

Voltaire engage les Oreillons dans sa lutte contre les Jésuites qui se comportaient comme des tyrans sanguinaires au Paraguay. *Candide* lui fournit l'occasion de lancer le fameux cri : « mangeons du Jésuite, mangeons du jésuite » que tous les Parisiens se répétaient quelques mois après la parution du conte et dont le succès reflète la vive opposition publique envers cet ordre : ils sont impossibles à supporter et c'est pourquoi Candide devra exclure du jardin de la Propontide le baron jésuite ressuscité.

Candide a ses « scies », comme les Oreillons ont leur refrain. Il s'entête dans l'optimisme, reprenant à contretemps les propos de son maître Pangloss dont il ressasse le « Tout est bien ». Mais Candide mélange les idées de Rousseau à celles de Leibniz. Le *Discours sur l'Inégalité*, publié en 1755, avait assuré la gloire et l'influence de Jean-Jacques Rousseau en attachant étroitement son nom au mythe des sauvages « libres, sains, bons et heureux ». Le détour chez les anthropophages permet à Voltaire de railler la théorie de Rousseau sur la bonté de l'homme naturel par l'entremise de Candide qui revient sans cesse sur la « pure nature », dont la bonté lui apparaît évidente : les Oreillons, au lieu de les manger, n'ont-ils pas fait mille honnêtetés aux deux héros dès qu'ils ont su que l'un deux venait de tuer un jésuite ?

CHAPITRE 17

RESUME

Libérés par les Oreillons, Candide et Cacambo se dirigent vers Cayenne, où ils espèrent trouver l'aide de la colonie française. Arrêtés par des montagnes et des fleuves, poursuivis par des brigands et des sauvages, ils errent et souffrent de la faim, jusqu'au jour où ils découvrent une petite rivière souterraine et un canot vide. Ils embarquent et se laissent emporter sous la terre par le torrent. Quand ils revoient le jour, vingt-quatre heures plus tard, ils se trouvent dans une magnifique contrée où l'utile s'allie à l'agréable et où l'on est ébloui par la profusion de l'or qui habille les enfants ou des pierreries qui jonchent les chemins.

Ce pays merveilleux où les hôtelleries sont luxueuses, les repas raffinés et les voituriers polis interpelle nos deux voyageurs : « Quel est donc ce pays, disaient-ils l'un et l'autre, inconnu à tout le reste de la terre, et où toute la nature est d'une espèce si différente de la nôtre ? C'est probablement le pays où tout va bien : car il faut absolument qu'il y en ait un de cette espèce. »

COMMENTAIRE

L'Amérique, une autre Europe

Le début du chapitre fournit à Voltaire l'occasion de rappeler, en les fondant dans le dialogue et le récit, les principaux **thèmes pessimistes** du conte : « cet hémisphère-ci ne vaut pas mieux que l'autre » constate Cacambo, et il propose de retourner en Europe. Et, en écho, Candide énumère les atrocités qui le menacent de tout côté : « où aller ? Si je vais dans mon pays, les Bulgares et les Abares y égorgent tout ; si je retourne en Portugal, j'y suis brûlé ; si nous restons dans ce pays-ci, nous risquons à tout moment d'être mis en broche. »

Pourtant l'épisode apparaît vite très différent des précédents : au terme d'un mois de menaces et d'obstacles, la découverte d' « un horizon immense, bordé de montagnes inaccessibles » offre enfin une chance de rencontrer une humanité digne de ce nom : dans ce pays miraculeux, séparé du reste du monde, les deux héros vont découvrir un **paradis terrestre.**

Un rythme dramatique

Voltaire partage son récit en scènes et tableaux successifs destinés à mettre en relief l'excellence de l'Eldorado.

En effet, l'alternance entre les affirmations et les interrogations (§ 1 et 2) montre combien Candide et Cacambo, accablés de malheurs et témoins de multiples atrocités, se sentent traqués de toutes parts. Et le récit du voyage désastreux vers Cayenne (§ 3) illustre le bien-fondé de leurs plaintes.

D'ailleurs, le **refus de l'immobilisme** apparaît dans la proposition de Cacambo, nourrie de verbes d'action et d'impératifs : « jetons-nous dans cette petite barque, laissons-nous aller au courant ». Mais Candide ne croit pas au hasard et il souligne son décalage avec le pragmatisme de son valet en confirmant qu'une volonté supérieure dirige le cours des choses : « Allons [...] recommandons-nous à la Providence. » (§ 4).

Ensuite, l'alliance entre la **description préromantique** — lancée par des antithèses à la manière de Rousseau et qui se poursuit par la présentation d'une nature sauvage (« une voûte de rochers épouvantables qui s'élevaient jusqu'au ciel. ») — et un **récit dramatique** qui n'ignore pas les allitérations (« les porta avec une rapidité et un bruit horrible », « leur canot se fracassa contre les écueils ») permet un contraste complet avec un aboutissement miraculeux : les deux héros découvrent un paradis (§ 5).

Puis, les images, sous forme de tableaux successifs, d'une société heureuse où les clins d'œil de l'auteur permettent au lecteur de comprendre, au fil de la narration et avant les personnages stupéfaits, que tout ce qui brille à leurs yeux est or et pierreries (§ 5-6-7).

Enfin, la description, le récit et la conversation avec l'aubergiste permettent d'aboutir à une découverte stupéfiante pour Candide : les habitants ne font aucun cas de leurs fabuleuses richesses ; en quoi le romanesque ramène le héros et l'épisode à la perspective philosophique du conte.

Une lecture au deuxième degré

Candide, toujours incorrigible, admire tout ce qui le surprend durant cette première journée dans un pays étrange, où il paraît presque ridicule. Voltaire utilise ses personnages comme repoussoirs pour ruiner le merveilleux et faire ressortir l'esprit critique des Eldoradiens.

CHAPITRE 18

RESUME

Aux descriptions fabuleuses succèdent — Cacambo servant d'interprète — de longues conversations avec un vieillard d'un goût et d'une politesse exquis, qui incarne toute la sagesse de l'Eldorado, berceau des Incas et refuge de ceux qui ont échappé aux Espagnols. Ignorant la nostalgie et le désir du changement, protégée par une barrière de montagnes, cette société patriarcale ne redoute ni les ennemis de l'intérieur, ni ceux de l'extérieur. Ses institutions monarchiques reposent sur une religion déiste et le consensus qui y règne exclut la présence de prêtres fanatiques ou de moines contestataires.

Les fastes du palais royal ne séduisent pas moins Candide : un portail monumental, une escouade de jolies hôtesses, deux orchestres de mille exécutants. La capitale est une ville grandiose où les fontaines et les places publiques rivalisent de couleurs et de parfums exotiques. On y pratique la justice sans tribunaux ni prisons ; on n'y connaît pas de Parlements. En revanche, le goût du progrès conduit à y développer la recherche scientifique.

L'hospitalité fastueuse du roi ne suffit pas à combler la vanité des deux héros qui, refusant la satisfaction béate, préfèrent reprendre la route avec l'espoir d'éblouir l'Europe et leurs fiancées de leurs richesses et de leurs récits.

Le souverain n'a rien d'un despote et consent à laisser partir Candide et Cacambo, non sans leur rappeler que le bonheur ne se trouve ni dans la possession de l'or ni dans sa quête. Il fait construire par ses ingénieurs une gigantesque machine capable de transporter au-dessus de montagnes inaccessibles ces deux voyageurs impénitents avec cent moutons chargés de vivres, d'or et de pierres précieuses. Et voilà les héros à nouveau en route pour Cayenne.

Lumière et sagesse

Le dialogue engagé par Candide et Cacambo avec le « bon vieillard » renouvelle en l'élargissant l'entretien avec le Quaker de la première *Lettre philosophique* : « Les Eldoradiens, remarque André Magnan, ne seraient-ils pas simplement des Quakers sans transes et sans théologie, moins détachés aussi des bienfaits de la civilisation ? Incas et Quakers : l'historien les distinguait, mais, comme le philosophe les rapprochait, la fantaisie du conte a pu les réunir sans trop les déformer ». (*Candide ou l'Optimisme*, éd. P.U.F. 1987, p. 111).

Quant au vieillard « retiré de la cour [...] le plus savant homme du royaume, et le plus communicatif », il incarne l'**alliance entre la connaissance et l'art de la communication**, cette valeur créatrice de la civilisation que le XVIIIe siècle appelle l'esprit, et son exposé révèle des qualités comparables à celles de Voltaire historien : l'esprit de synthèse, l'intérêt pour l'humanité, l'exigence morale.

Le meilleur des mondes au XVIIIe siècle

D'une part, l'Eldorado connaît une **activité économique fondée sur l'agriculture et l'artisanat**, qui s'organise de façon conviviale et repose sur un **troc étatisé**. On n'est pas très loin des physiocrates, ni du *Code de la nature* (1754) de Morelly — dont Marx et Engels ont fait un précurseur du communisme moderne. En fait **le travail** est une vertu cardinale dans ce pays où on sait allier « l'utile » et « l'agréable ». On retrouve ainsi l'idée voltairienne que la richesse d'une nation repose sur les efforts de ses citoyens : « Le prince philosophe sera convaincu que plus un peuple est laborieux, plus il est riche [...] et il en résultera l'utile et l'agréable. » (Voltaire, *La Voix du sage et du peuple*, 1750.) L'économie se propose donc comme finalité la satisfaction du « besoin » et du « plaisir ».

D'autre part, un **état d'innocence et de pureté** conforte les Eldoradiens dans l'idée qu'ils sont heureux dans le meilleur des mondes possibles. Rousseau aurait approuvé les propos de leur roi : « mes sujets ont fait vœu de ne jamais sortir de leur enceinte, et ils sont trop sages pour rompre leur vœu. » Ce bonheur unanime rappelle l'idéal que Zadig, une fois monté sur le trône, fait régner à Babylone.

En outre, le **déisme** se greffe tout naturellement sur cette société où l'on adore Dieu « du soir jusqu'au matin ». C'est l'expression plaisante d'une religion inoffensive, prononcée en rougissant par le même sage vieillard qui répond avec vivacité aux interrogations successives de Cacambo sur l'existence d'une religion, ses spécifités et le polythéisme. Ce déisme sert aussi de prétexte aux critiques habituelles de Voltaire contre la religion avec la contestation de la prière et la condamnation des jésuites (les « moines qui enseignent »), des confesseurs, des théologiens ou de l'Inquisition.

Enfin une **monarchie patriarcale** dirige ce royaume qui ignore la guerre — car il est isolé des autres nations par une ceinture de montagnes inaccessibles — et connaît un **consensus** général grâce à l'absence de parlements : dans ce pays parfait, il ne reste pas même à souhaiter la réforme que réclament pour la France Voltaire et les philosophes, soucieux de briser le pouvoir négatif de magistrats qui s'opposent à toutes les tentatives d'adapter les structures politico-sociales aux nécessités financières et économiques. Cette monarchie est **« éclairée »** : Voltaire se substitue à Candide pour admirer un immense palais consacré à la science de Newton et de d'Alembert.

Pour conclure, c'est une **capitale de rêve.** L'art et la géométrie se rejoignent dans les caractéristiques de la capitale : immensité et clarté, élégance de l'architecture, hygiène, souci de l'agrément de la vie, gigantesques laboratoires réservés à la recherche scientifique. La ville se pare de toutes les « lumières » du XVIIIe siècle.

La portée du chapitre

Voltaire souligne la **vanité** de ses deux héros : c'est elle qui constitue le facteur déterminant de leur départ. Une nouvelle illusion relance l'action : incapable de jouir de sa fortune dans l'Eldorado où l'or ne vaut rien, Candide part pour un ailleurs où ses richesses se rétréciront comme une peau de chagrin.

Pourtant, le départ de Candide, après un mois d'inertes félicités, apparaît comme un **retour à la vie et à l'action quotidienne.** L'utopie eldoradienne ne tend pas à tracer dans le détail les plans d'un État idéal : l'apologue ne présente ni un système ni un programme, mais un **mythe ouvert,** qui propose avant tout une réconciliation de la vie et de l'humanisme voltairien : « L'épisode d'Eldorado n'est pas une conclusion dérisoire : c'est une étape de la conquête de l'homme par lui-même. Grâce à lui un modèle a été entrevu : première certitude. Sa réalité sera celle que lui conféreront les personnages en le faisant entrer plus ou moins dans les faits » (Jacques Van den Heuvel, *Voltaire dans ses contes*, éd. Armand Colin, p. 268).

CHAPITRE 19

RESUME

Un interminable voyage conduit Candide et Cacambo à travers des marais, des déserts et des précipices. Quand, au bout de plus de trois mois, ils arrivent à Surinam, il ne leur reste plus que deux moutons.

« En approchant de la ville », ils aperçoivent un nègre unijambiste et manchot. C'est une victime du négociant Vanderdendur et de l'esclavage colonial. Cette « abomination » révolte Candide et le conduit à définir l'optimisme comme « la rage de soutenir que tout est bien quand on est mal ».

Un marin espagnol lui apprend que Cunégonde est devenue « la maîtresse favorite » du gouverneur de Buenos Aires. D'abord effondré par cette nouvelle, Candide se décide à envoyer Cacambo racheter Cunégonde au gouverneur et lui demande de la conduire ensuite à Venise, où elle devra l'attendre.

Le marchand Vanderdendur, trop largement payé pour emmener Candide à Venise sur son bateau, met à la voile avec les deux moutons et leurs trésors, sans attendre Candide. Le héros, éconduit par la justice, sombre dans une « noire mélancolie ».

Il trouve enfin un vaisseau en partance pour Bordeaux et promet « deux mille piastres à un honnête homme qui voudrait faire le voyage avec lui, à condition que cet homme serait le plus dégoûté de son état et le plus malheureux de la province ». Après avoir écouté une vingtaine d'atroces récits, Candide choisit un pauvre savant exploité par les libraires hollandais, renié injustement par sa famille et persécuté comme socinien par les « prédicants de Surinam », avec l'espoir que cet homme « le désennuierait dans le voyage ».

COMMENTAIRE

Un réquisitoire contre l'esclavage

D'une part, le narrateur se met simultanément à la place de Candide et à la place du nègre : la **focalisation externe** (la vision extérieure de Candide) révèle avec force l'horreur de la situation ; la **focalisation interne** (la vision de son propre sort par l'esclave) permet de souligner le caractère apparemment positif des réalités foncièrement négatives et de rendre vraisemblables tous les procédés de l'ironie.

D'autre part, Voltaire fait ressortir l'**absurdité** odieuse de l'esclavage en montrant que tous les soutiens naturels du nègre (ses dieux et prêtres « fétiches », son père et sa mère, ses maîtres, le dieu et les prêtres des chrétiens) l'ont les uns après les autres complètement trahi par ignorance, naïveté, cruauté ou hypocrisie. Il insiste particulièrement sur la contradiction scandaleuse entre les leçons de l'Église catholique et le sort lamentable qu'elle laisse subir aux esclaves noirs.

Enfin, le caractère **pathétique** de la scène naît successivement de la découverte inattendue du nègre par Candide et Cacambo, du constat objectif de ses infirmités et de son dénuement, de la description sobre et empreinte de résignation (« c'est l'usage ») qu'il fait aux voyageurs et, on l'a vu plus haut, de la trahison « horrible » de tous ceux qui auraient dû ou pu le soutenir.

La dérision de l'optimisme

Le chapitre 19 paraît mettre un terme aux illusions de Candide sur le bonheur et la bonté. Le héros balaie avec horreur les théories de son précepteur (« Ô Pangloss ! [...] tu n'avais pas deviné cette abomination ») et intègre douloureusement (« Hélas ! ») ses expériences vécues dans une **contestation catégorique de l'optimisme** (« C'est la rage de soutenir que tout est bien quand on est mal. »)

Pourtant, Candide ne fait rien pour libérer l'esclave nègre. **Il se contente de verser des larmes,** tel le Christ à son entrée dans Jérusalem indigne. En fait il n'a pas encore découvert la solution des problèmes que pose le bilan des horreurs du meilleur des mondes.

Ainsi, à la **fin des illusions sur l'égalité** entre les hommes (née de la rencontre de l'esclave) succède bientôt la **fin des illusions sur l'amour** (Cunégonde est devenue la maîtresse favorite du gouverneur), **sur la confiance** (volé par le capitaine hollandais, Candide constate que le

Nouveau Monde n'est pas meilleur que l'Ancien) et **sur la justice** (le juge est aussi âpre au gain que porté à la collusion avec les puissants).

La rencontre de Martin

La méthode utilisée par Candide pour choisir son nouveau compagnon de voyage est conforme aux procédés des contes orientaux et répond à une volonté de Voltaire : accumuler une quantité invraisemblable de malheurs dans des « histoires tragiques et édifiantes ».

Cependant, le critère de sélection retenu par Candide traduit une **évolution du personnage** : nanti d'une certaine fortune — même s'il a perdu ou s'est fait dérober l'essentiel des diamants de l'Eldorado —, Candide est toujours aussi incapable d'empêcher les malheurs, mais il peut mieux les dominer et apparaît maintenant **soucieux de juger les hommes.**

D'ailleurs, Martin se réclame du **manichéisme** (chapitre 20, § 4), doctrine qui repose sur la coexistence du Bien, représenté par la lumière, et du Mal symbolisé par les ténèbres et identique à la matière ; une guerre acharnée oppose ces deux principes depuis le jour où la matière, ayant perçu le rayonnement de la lumière, a voulu s'élever jusqu'à elle ; le dieu du Bien a créé l'homme primitif, mais le dieu mauvais l'a enfermé dans la matière et a créé l'homme actuel. Martin est donc un **anti-Pangloss,** convaincu que tout est mal même lorsque les événements sont plutôt encourageants. La vie de ce pessimiste (« pauvre savant qui avait travaillé dix ans pour les libraires à Amsterdam ») peut rappeler celle de Bayle exploité par ses libraires, persécuté pour ses idées religieuses et souvent accusé de socinianisme (tendance de la Réforme, soucieuse d'une analyse critique et rationaliste des Écritures, convaincue de la primauté de la morale sur la croyance et que les philosophes déistes du XVIIIe siècle retrouvent dans les pasteurs genevois — d'où l'article « Genève » de l'*Encyclopédie* où d'Alembert félicite les pasteurs de Genève pour leur socinianisme, ce qui suscite une violente réaction des pasteurs devant cet éloge compromettant).

CHAPITRE 20

RESUME

Sur le vaisseau qui les emmène à Bordeaux, Candide et Martin discutent du mal moral et du mal physique. Martin expose l'origine de son manichéisme ; il a constaté la prééminence du Mal sur le Bien : la violence et la guerre ne sévissent-elles pas partout — sauf en Eldorado ?

Au moment où Candide réplique qu'il y a pourtant du bon, on aperçoit un combat entre un vaisseau espagnol et un navire hollandais. Le premier coule le second et une centaine d'hommes sont engloutis. Ce fait divers illustre pour Martin la manière dont « les hommes se traitent les uns les autres ».

Une tache rouge sur la mer permet à Candide de... retrouver un de ses deux moutons : le navire hollandais appartenait à l'ignoble Vanderdendur. « Dieu a puni ce fripon, constate Martin, le diable a noyé les autres. »

COMMENTAIRE

Martin, Voltaire et le manichéisme

Martin prend la relève de Pangloss, de la Vieille et de Cacambo auprès de Candide. Ce personnage permet à Voltaire d'introduire dans son conte le **manichéisme** (voir le commentaire du chapitre 19, « La rencontre de Martin »), qui se rattache tout naturellement au problème posé par l'existence du mal dans le monde. Martin s'impose par son **expérience lucide** d'homme qui a vu le mal et en porte témoignage. Cet anti-Pangloss fonde sa philosophie sur des faits et son réalisme en impose à Candide au moment même où celui-ci commence à critiquer sévèrement l'optimisme.

Il faut savoir que Voltaire est tenté par le manichéisme dans les années 1757-1759. Sa *Correspondance* porte la trace de cette attirance : « C'est ce monde-ci qui est l'enfer », « C'est le diable qui se mêle des affaires du monde ». Le philosophe qui dans la vingt-cinquième lettre philosophique (1734) opposait au pessimisme de Pascal le spectacle de Paris ou de Londres, villes « peuplées, opulentes et où les hommes sont heureux autant que la nature humaine le comporte » a bien changé. Il pense avec Martin que « dans les villes qui paraissent jouir de la paix, et où les arts fleurissent, les hommes sont dévorés de plus d'envie, de soins et d'inquiétudes qu'une ville assiégée n'éprouve de fléaux ».

Le constat dressé par Martin des calamités qui accablent l'Europe (« Un million d'assassins enrégimentés, courant d'un bout de l'Europe à l'autre, exerce le meurtre et le brigandage ») traduit l'ascendant de son personnage sur Voltaire et annonce une formule du *Dictionnaire philosophique* (1764) : « Dans notre humanité, voleur et soldat [sont] la même chose Manichéens, voilà votre excuse. »

L'expérience maritime de Candide

L'**échange** entre Candide et Martin, tient de la dispute et du débat d'idées. « Mais enfin, constate Voltaire avec une évidente connotation sympathique, ils parlaient, ils se communiquaient des idées, ils se consolaient. » Cette intrusion du narrateur qui résume les quinze jours de discussions maritimes entre Candide et Martin, répond au goût du temps : au XVIIIe siècle, l'**échange intellectuel** offre une des meilleures **consolations possibles devant l'adversité et l'ennui.** Voltaire reprendra la même idée dans une définition de ses *Carnets :* « La conversation est la communication de nos faiblesses. »

Pourtant, l'**épisode de la bataille navale** permet à Voltaire de montrer l'**inutilité de la discussion** entre Candide et Martin. Le vieux savant voit dans l'événement une confirmation de ses vues désolantes sur l'univers et l'humanité. Le jeune héros, tout heureux d'avoir retrouvé son mouton rouge, renaît à l'optimisme. L'écrivain peut ainsi donner une leçon de relativité et de scepticisme : les faits ont seulement la valeur qu'on leur attribue.

D'ailleurs, Candide ne supporte plus la vie que parce qu'il conserve l'**espérance** (ce qui est conforme à la conclusion du *Poème sur le désastre de Lisbonne*). Et encore l'espoir est-il lié à de rares instants heureux (« surtout à la fin du repas ») et surtout à son amour pour Cunégonde (« quand il parlait de Cunégonde... », « je pourrai bien retrouver Cunégonde »).

CHAPITRE 21

RESUME

La France n'est plus très lointaine pour les navigateurs. Martin dresse un portrait sévère de ses habitants et raconte ses déboires personnels à Paris où il a connu « la canaille écrivante, la canaille cabalante, et la canaille convulsionnaire ».

Candide pose à son compagnon de multiples questions sur l'origine de la Terre, la finalité du monde, les amours contre nature, l'évolution de l'espèce humaine, et la différence entre les animaux et les hommes, auxquels il réserve le libre arbitre.

COMMENTAIRE

Ce chapitre de transition, correspondant à une durée très restreinte (le temps de l'accostage à Bordeaux), permet de souligner l'évolution du héros au moment où il revient en Europe.

La présence de Voltaire

Les **souvenirs parisiens de Martin sont ceux de Voltaire** qui, dans *Le Monde comme il va* (1748), faisait découvrir à Babouc dans Persépolis (Paris) la « canaille écrivante » (chapitre 10), la « canaille cabalante » (chapitre 14), la « canaille convulsionnaire » (chapitre 9), c'est-à-dire les hommes de lettres sans dignité, les moines qui complotent et la populace se livrant à des scènes de convulsions sur la tombe du diacre janséniste Paris, au cimetière Saint-Médard, de 1729 à 1732.

C'est encore Voltaire qui, par la bouche de Martin, fait allusion à la **querelle des coquilles marines.** La découverte de coquilles fossiles dans les Alpes conduisait certains savants à supposer que l'océan avait autrefois recouvert les montagnes. Sa conception fixiste d'un monde voulu et créé définitivement par une intelligence suprême conduit Voltaire à contester cette hypothèse dès 1746 dans sa *Dissertation sur les changements arrivés dans notre globe et sur les pétrifications qu'on prétend en être le témoignage.* On ne sait si le livre cité par Candide est la *Théorie de la Terre* de Buffon (1749) ou la toute récente *Histoire des navigations aux terres australes* (1756) du Président de Brosses.

On retrouve à nouveau une autre conviction profonde de l'écrivain quand il fait dire à Martin sur le problème de l'**instinct** : « si les éperviers ont toujours eu le même caractère, pourquoi voulez-vous que les hommes aient changé le leur ? » Voltaire développe cette idée dans ses *Carnets* : « Chacun obéit à son instinct. Dites à un mouton qu'il dévore un cheval, il répondra en broutant son herbe ; proposez de l'herbe à un loup, il ira manger le cheval. Ainsi personne ne change son caractère. Tout suit les lois éternelles. »

Enfin la **vision** qu'offre Martin de **la nature humaine** est celle qui découle du dernier chapitre de l'*Essai sur les Mœurs* (1756) : « Il faut donc, encore une fois, avouer qu'en général toute cette histoire est un ramas de crimes, de folies, et de malheurs, parmi lesquels nous avons vu quelques vertus, quelques temps heureux, comme on découvre des habitations répandues çà et là dans les déserts sauvages. »

L'évolution de Candide

Les dispositions d'esprit de Candide, à l'approche de l'Europe, n'ont plus rien de commun avec ce qu'il était lors de sa fuite du Portugal vers l'Amérique. Le héros **remet en cause** les vérités acquises dans les livres. Il dresse un véritable **catalogue des vices** répandus dans une humanité où il a découvert des « menteurs, fourbes, perfides, ingrats, brigands, faibles [...] fanatiques, hypocrites et sots ». Sa dernière question confirme qu'**il admet l'existence du mal** et qu'il s'oriente vers une recherche des possibilités pour l'homme de lutter contre le mal.

Cette évolution est liée à l'**influence de Martin** qui apparaît de plus en plus désabusé. C'est un personnage revenu de tout, qui a « tant vu de choses extraordinaires » qu'il n'existe pour lui « plus rien d'extraordinaire ». Mais ce n'est pas un nouveau Mentor au sens où Pangloss dirigeait Candide en confisquant toute velléité de réflexion : son scepticisme et son réalisme conduisent Candide à s'ouvrir au monde, à poser des questions et à refuser les solutions toutes faites : le voyage de Candide se transforme en **enquête.**

CHAPITRE 22

RÉSUMÉ

Après un bref passage à Bordeaux, Candide, cédant à la fascination de Paris, se déroute de Venise vers la capitale de la France. Dès son arrivée il tombe malade, échappe difficilement aux saignées des médecins et refuse de se faire délivrer un billet de confession. Parmi ceux qui se pressent — attirés par sa fortune — pour lui faire les honneurs de la ville, il distingue un petit abbé périgourdin qui le mène au théâtre. Son plaisir est gâché par l'évocation du sort réservé à l'actrice Adrienne Lecouvreur et par la rencontre d'un serpent de la littérature, Fréron. L'abbé le mène chez une fausse marquise, Madame de Parolignac, qui dirige un vrai tripot. Candide perd cinquante mille francs au jeu, est invité à un souper où on parle de livres, de théâtre et de religion. Il succombe sur un canapé aux charmes de la marquise qui lui extorque deux diamants.

L'abbé redouble de prévenances et se fait raconter les aventures de Cunégonde. Le lendemain Candide est attiré chez une fausse Cunégonde, cachée dans l'ombre et qui se fait remettre des diamants. C'est Candide qu'on arrête, comme suspect de régicide. Il achète sa libération à l'officier de police, fuit Paris qu'il considère comme « l'enfer » et parvient, toujours en compagnie de Martin, à Dieppe d'où il embarque pour Portsmouth en Angleterre.

COMMENTAIRE

La satire de Paris

La capitale provoque la **fascination et l'amertume.** En 1758 le philosophe apprend que toutes les démarches tentées pour obtenir du roi la permission de rentrer à Paris ont été rejetées. Il perd tout espoir de se fixer à nouveau dans cette capitale qui, malgré ses critiques, lui apparaît comme le centre du monde.

D'une part, la **satire des mœurs** apparaît relativement **conventionnelle.** Candide est victime de l'ignorance des médecins qui, à force de soins, rendent sa maladie sérieuse. Les fripons s'en donnent à cœur joie dans une société qui se livre au jeu et à la tricherie, où des abbés jouent les entremetteurs douteux, où pullulent des demi-mondaines vénales, où l'honnêteté se heurte à l'escroquerie sans pouvoir espérer le secours d'une justice procédurière ni d'une police vénale. On s'y passionne pour les scandales mondains, on monte des cabales contre les tragédies, on soutient les folliculaires du parti dévot. Partant de détails observés, la satire de Voltaire glisse vers une généralisation qui porte condamnation des mœurs parisiennes. Le *Discours aux Velches* (1764) de l'écrivain n'est pas loin.

D'autre part, la **satire philosophique** s'accentue dans les additions de 1761 (développement sensible de la conversation au théâtre entre Candide et l'abbé périgourdin, introduction de la visite chez Madame de Parolignac) qui permettent de mobiliser Candide dans les luttes et la polémique menées par Voltaire. Au moment où les assauts contre l'*Encyclopédie* paraissent victorieux (d'Alembert, après le scandale suscité par la parution de son article « Genève » — inspiré par Voltaire — renonce à la direction du *Dictionnaire* en 1758 et le parti dévot obtient en 1759 la révocation du privilège de l'*Encyclopédie*), le conteur attaque les publicistes du parti anti-philosophique et notamment leur chef de file Fréron, « un de ces serpents de la littérature qui se nourrissent de fange et de venin », qualifié de « gros cochon... folliculaire ».

Enfin, **l'actualité est présentée de façon critique.** L'allusion au « billet payable au porteur dans l'autre monde » se réfère à une mesure dirigée contre les jansénistes : entre 1750 et 1760 le clergé exige des « billets de confession » pour accorder les derniers sacrements aux mourants suspects de jansénisme. Les querelles entre jansénistes et molinistes rappellent que les jésuites, ainsi nommés d'après les théories sur la grâce du jésuite espagnol Molina au XVIe siècle, seront bientôt expulsés de France (1762) sur décision du Parlement janséniste, à la grande joie de Voltaire et des Encyclopédistes. Voltaire évoque encore les arrestations d'étrangers opérées systématiquement après l'attentat contre Louis XV manqué par Damiens, que le philosophe présente comme un fou superstitieux. « C'est parce qu'un gueux du pays d'Atrébatie [= l'Artois] a entendu dire des sottises [les jansénistes ont été mis en cause durant le procès] : cela seul lui a fait commettre un parricide » (le régicide est alors considéré comme un parricide).

Un récit comique

D'une part, Voltaire renouvelle par divers procédés comiques le thème de la **maladie,** traditionnel dans les romans sentimentaux : suppression de chaînons explicatifs dans le raisonnement ; symétries et répétitions, déductions imprévues.

D'autre part, les **personnages se perdent à leur propre jeu** : la marquise de Parolignac cède à la médisance, l'« homme savant et de goût » tombe dans le pédantisme, et Candide incité par ce « discoureur » à une réflexion sur le mal, argumente sur la nécessité.

Enfin, le **comique de caractère** s'affirme : en face de la belle marquise, puis de la fausse Cunégonde, Voltaire fait sourire de la tendresse, de la générosité et de la naïveté du héros qui éprouve même « quelques remords d'avoir fait une infidélité à mademoiselle Cunégonde ».

Voltaire et la tragédie

Les propos de l'homme de goût permettent de préciser la **manière dont Voltaire entend rénover la tragédie.** Il faut être « neuf sans être bizarre », ce que Voltaire entend faire dans *Tancrède* (1760) dont l'action se déroule en 1005 à Syracuse, cité libre dont le gouvernement est partagé entre les Grecs de Byzance et les musulmans du preux Solamir ; « souvent sublime et toujours naturel » comme le sont Aménaïde et Tancrède, faisant assaut de générosité ; « faire parler » le cœur humain, ce qui répond au souci d'émouvoir et d'attendrir.

D'ailleurs, un passage à clefs, plusieurs fois remanié, rappelle les **polémiques** suscitées par plusieurs pièces du dramaturge. C'est ainsi que Voltaire écrit :

— *première version :* « L'auteur ne sait pas un mot de chinois et de plus c'est un homme qui estime Locke et qui ne croit pas aux idées. » ;

— *seconde version :* « La scène est en Perse et l'auteur ne sait pas un mot de persan... » ;

— *version définitive :* « L'auteur ne sait pas un mot d'arabe et cependant la scène est en Arabie ; et de plus c'est un homme qui ne croit pas aux idées innées. »

Ces trois formulations successives montrent que le disciple de Locke a songé à trois de ses tragédies : *L'Orphelin de la Chine* (1754), *Sémiramis,* dont l'échec en 1754 avait beaucoup affecté Voltaire, et *Maho-*

met — interdite à Paris en 1742 après trois représentations — dont l'action se déroule à La Mecque.

L'optimisme en péril

D'abord, les nombreuses références de Candide au monde de Thunder-ten-Tronckh soulignent la **naïveté et les illusions du héros.** Admirant le savant discoureur, il le qualifie de « grand homme » et renchérit : « C'est un autre Pangloss. » A la marquise il ne sait parler que de Cunégonde, ce qui lui vaut une réplique piquante : « Vous me répondez comme un jeune homme de Westphalie. » A l'abbé il raconte, « selon son usage, une partie de ses aventures avec [l']illustre Westphalienne », ce qui permet à l'habile escroc de monter la fourberie de la fausse Cunégonde.

Puis, **le séjour parisien a profondément ébranlé l'optimisme de Candide.**

Sa discussion avec Martin sur l'origine du mal l'amène à reconnaître que les hommes commettent fatalement des crimes : il n'est plus question du libre arbitre de Pangloss.

L'excommunication des acteurs à qui on refuse la sépulture révolte profondément Candide : « Des reines à la voirie ! »

A la fin du chapitre, le héros lance une véritable **malédiction** contre Paris : « Ah ! les monstres ! [...] quoi ! de telles horreurs chez un peuple qui danse et qui chante ! Ne pourrai-je sortir au plus vite de ce pays où des singes [= les religieux] agacent des tigres [= des fanatiques] ? J'ai vu des ours [= des soldats mercenaires] dans mon pays ; je n'ai vu des hommes que dans le Dorado. » Et il embarque promptement pour l'Angleterre, croyant « être délivré de l'enfer ».

Ainsi, le passage par Paris conforte une **nouvelle orientation prise par Candide** depuis la rencontre de Martin qui condamnait au chapitre 20 les villes-lumière (« dans les villes qui paraissent jouir de la paix, et où les arts fleurissent, les hommes sont dévorés de plus d'envie, de soins et d'inquiétudes qu'une ville assiégée n'éprouve de fléaux »). Les réflexions finales du héros montrent qu'il est maintenant **en quête d'hommes véritables.**

CHAPITRE 23

RESUME

Indigné par ce qu'il a subi à Paris, Candide apprend de Martin qu'en Angleterre on est « aussi fou qu'en France » : « ces deux nations sont en guerre pour quelques arpents de neige vers le Canada, et [...] elles dépensent pour cette belle guerre beaucoup plus que tout le Canada ne vaut. »

En abordant à Portsmouth, Candide voit fusiller de sang-froid, sur le pont d'un vaisseau de guerre, un amiral anglais condamné pour n'avoir « pas fait tuer assez de monde ». Horrifié, Candide refuse de mettre le pied sur le sol anglais et demande au capitaine hollandais de le conduire directement à Venise. Il y débarque après avoir longé les côtes de France et du Portugal, avec la certitude d'y retrouver Cunégonde. Cette conviction lui rend son optimisme dogmatique : « Tout est bien, tout va le mieux qu'il soit possible. »

COMMENTAIRE

La défense de l'humanité bafouée

Voltaire était intervenu en faveur de l'amiral Byng et fit passer à ses défenseurs un témoignage favorable du maréchal de Richelieu. Pour lui, cette exécution est un « assassinat juridique », un de ces scandales judiciaires contre lesquels il luttera avec passion durant les vingt dernières années de sa vie. La volonté de faire assister le lecteur à la mort de l'amiral amène Voltaire à faire effectuer par son héros un détour en Angleterre.

En effet, le spectacle de l'exécution d'un amiral anonyme, présenté comme peu vraisemblable grâce aux procédés du conte, est un fait véritable : d'où une violente accusation contre l'absurdité de l'événement.

Le ton polémique, grinçant et vengeur, si fréquent chez l'écrivain quand il rencontre un crime, apparaît dans l'emploi de verbes comme *tuer* (rapproché par un humour noir de « en cérémonie » et destiné à un amiral) ou *encourager*, qui traduit le détachement apparent du conteur et le caractère déconcertant des justifications fournies aux questions de Candide.

Une Angleterre consternante

D'une part, la guerre pour une frange de territoire relève d'une absurdité ruineuse et s'explique notamment par le caractère « atrabilaire » des Anglais. Il est à noter que l'expression « quelques arpents de neige vers le Canada » a été souvent reprochée à Voltaire pour avoir été mal comprise : ces « quelques arpents de neige vers le Canada » représentent non pas tout le Canada — qui sera perdu en 1763 — mais la zone frontière entre les colonies françaises et les colonies anglaises. Un chapitre du *Précis du siècle de Louis XV*, intitulé *Louisbourg, combats de mer, prises immenses que font les Anglais*, montre que Voltaire, historiographe de la guerre franco-anglaise de 1741 à 1748, était sensible à l'importance du Canada.

D'autre part, l'exécution de l'amiral Byng relève du crime contre l'humanité. Il s'agit de l'Amiral John Byng, vaincu par l'Amiral français La Galissonnière dans les eaux de Minorque et accusé d'avoir rompu trop tôt le combat. Il fut condamné à mort et exécuté le 14 mars 1757 sur son vaisseau. Cette exécution avait pour raison véritable la volonté de trouver une victime expiatoire à l'humiliation ressentie par l'Angleterre.

Voltaire fait juger par Candide cette Angleterre comme démoniaque : le flegme britannique n'est pas moins criminel que les exactions des Bulgares. Pourtant Voltaire n'a jamais renoncé « à son admiration éclairée pour une Angleterre libre, évoluée et prospère : si Candide débarquait à Portsmouth et voyait Londres, une description suivie laisserait sans doute de meilleures impressions que cet accident marginal ou que les " petits faits " anglais dispersés ailleurs dans le conte. Au moins l'épisode figure-t-il, dans l'œuvre de Voltaire, comme son préservatif contre l'anglomanie dont on lui faisait justement reproche vers 1757. » (André Magnan, *Voltaire, Candide ou l'Optimisme*, PUF, p. 148).

CHAPITRE 24

RESUME

Les recherches menées par Candide à Venise s'avèrent infructueuses : on ne retrouve ni Cunégonde ni Cacambo. Ce rendez-vous manqué désespère Candide. Il rencontre un jour

Paquette, l'ancienne servante de Thunder-ten-Tronckh, qui est devenue prostituée. Son amant, le moine théatin Giroflée, n'est pas moins malheureux qu'elle, car il a été contraint, sans vocation, de devenir moine pour laisser l'héritage paternel à son aîné.

Martin, appuyé sur son expérience, ressasse l'universalité du malheur. Candide décide de rendre visite au sénateur Pococurante qui passe pour n'avoir jamais eu de chagrin.

COMMENTAIRE

Venise, terre promise

Pour Candide, Venise est d'abord un pays libre où on n'a rien à craindre ni des Bulgares ni des Abares, ni des Juifs, ni des Inquisiteurs (chapitre 19). C'est pourquoi le héros du conte a fixé à Cacambo cet **îlot de paix** comme point de rendez-vous avec Cunégonde. Les chapitres 20 à 23 font ressortir son impatience croissant à mesure qu'il se rapproche de cette terre promise.

Ensuite, Venise apparaît à Candide comme un **pays de divertissements,** où l'on court de l'opéra aux fêtes du carnaval, et un **paradis de la galanterie.** Dans cette ville où la vie se résume à la consommation instantanée du bonheur, **Candide,** toujours privé de Cunégonde, **ne trouve aucun sens à son existence** et tombe « dans une mélancolie noire ».

Finalement, malgré tous les malheurs qu'il a entendu raconter, Candide conserve une **petite espérance** grâce à la rencontre de Paquette : « On retrouve souvent des gens qu'on ne croyait jamais retrouver. »

Une analyse très moderne de la prostitution

Cette analyse incrimine la société. Voltaire fait souligner par Paquette :

— la **responsabilité** de ceux qui ont **abusé de leur statut social** aux dépens d'elle (un homme d'Église, un médecin célèbre, un juge) ;
— la **complicité générale et intéressée des hommes** (« ce métier abominable [...] vous paraît si plaisant à vous autres hommes ») ;
— la **méconnaissance générale des aspects odieux et dégradants de la prostitution** (« Ah ! monsieur, si vous pouviez vous imaginer ce que

c'est que d'être obligée de caresser indifféremment un vieux marchand, un avocat, un moine, un gondolier, un abbé ; [...] d'être souvent réduite à emprunter une jupe pour aller se la faire lever par un homme dégoûtant ») ;

— le **rôle des souteneurs** (« être volée par l'un de ce qu'on a gagné avec l'autre ») **et de la police** (« être ranconnée par les officiers de justice ») ;

— l'**aboutissement affreux promis aux prostituées** (« l'hôpital ») et la sanction qui, les privant de sépulture, ne leur tolère qu'un « fumier » pour leur dépouille mortelle.

La pesée des bonheurs

La recherche de gens heureux, vers laquelle s'oriente Candide depuis Surinam, le conduit à une nouvelle **gageure** contre Martin : parier qu'un jeune théatin et une très jolie fille qui traversent la place Saint-Marc en se regardant amoureusement « sont des créatures très heureuses ».

Ainsi, les témoignages de Paquette et de Frère Giroflée non seulement font perdre à Candide sa gageure, mais se retournent contre lui. Les malheurs personnels de Paquette prennent une **portée générale,** car ils intègrent le destin de toutes les prostituées. Le désespoir de Frère Giroflée est celui de tous les enfants contraints par leurs parents d'embrasser l'état ecclésiastique. Le comble est qu'il s'agit d'un ordre monastique — celui des Théatins — où l'on s'en remet entièrement à la Providence et que tous les « confrères » de Giroflée sont prêts comme lui à se « casser la tête contre les murs du dortoir ». **La généralisation accentue la condamnation de l'optimisme.**

A Candide qui croit assurer le bonheur de Paquette et de Frère Giroflée en leur donnant de très grosses sommes d'argent, Martin objecte qu'il les rendra « peut-être avec ces piastres beaucoup plus malheureux encore ». De l'Eldorado à Venise, le conte suggère décidément que la **richesse n'est pas dans l'or.**

Martin justifie ainsi son **scepticisme** et son **pessimisme** sur Cunégonde (Cacambo « la prendra pour lui, s'il la trouve » et à la fin du chapitre « Je souhaite qu'elle fasse un jour votre bonheur ; mais c'est de quoi je doute fort. ») par son expérience de l'existence (« C'est que j'ai vécu »). Et il **généralise** son constat une nouvelle fois : « Le doge a ses chagrins, les gondoliers ont les leurs [...] ; mais je crois la différence si médiocre que cela ne vaut pas la peine d'être examiné. »

CHAPITRE 25

RESUME

Le sénateur Pococurante reçoit Candide et Martin dans son somptueux palais de Venise. Le jeune héros s'émerveille de tout, mais le sénateur le prend constamment à contre-pied. Sa façon de démontrer le conformisme des modes artistiques ou littéraires, ses jugements à l'emporte-pièce, son désintérêt pour l'opinion des autres apprennent à Candide — « qui avait été élevé à ne jamais juger de rien par lui-même » — que l'on peut douter des idées reçues et battent en brèche les théories optimistes de Pangloss.

Candide ressort de cette réception convaincu que leur hôte est « le plus heureux de tous les hommes » car il est au-dessus de tout ce qu'il possède. Il n'écoute guère les objections de Martin — pour qui Pococurante est dégoûté de tout ce qu'il possède —, tant le désespoir de ne pas revoir Cunégonde mine ses espérances.

COMMENTAIRE

La structure

C'est un chapitre conçu comme une sorte de revue avec une succession de scènes sans autre lien apparent que la galerie où elles se déroulent et les tirades de Pococurante (sur Raphaël, un concerto italien, l'opéra français, Homère, Virgile, Horace, Cicéron, les mémoires académiques, le théâtre, les sermons, les libres-penseurs anglais, Milton, les jardins).

Cette structure confère au chapitre une **portée didactique** par l'accumulation des exemples et la similitude des leçons qui s'en dégagent.

D'autre part, la rencontre de Pococurante s'insère parfaitement dans la construction générale du conte où elle joue un rôle comparable à celui des histoires intercalées. Voltaire ménage dans l'action une pause qui contribue à l'échafaudage d'une philosophie de l'existence.

Une critique lucide

« L'exemple de Pococurante vaut d'être médité, note Naves dans *Le Goût de Voltaire* (éd. Hatier, 1966, p. 199) ; il a, si je puis dire, une vertu tonique et c'est un préservatif de premier ordre contre les approbations candides et conformistes, contre la paresse de l'esprit qui est l'ennemie principale du jugement. »

Le chapitre nous fournit, par de multiples **jugements de détail,** une information sur le **goût très exigeant de Pococurante** : cet intellectuel raffiné ne trouve pas chez Raphaël « une imitation vraie de la nature » ; l'opéra français est « un monstre qui [le] révolte » ; Homère lui occasionne « le plus mortel ennui » ; Virgile est froid et désagréable ; Horace sombre parfois dans la vulgarité ; le *Paradis perdu* de Milton est traité de « poème obscur, bizarre et dégoûtant ».

Mais la concordance entre les défauts que relève Pococurante et certains jugements aussi sévères de Voltaire sur Virgile, Horace ou Milton ne doit pas faire oublier que l'écrivain, très éclectique, préférait conforter son goût par une critique des beautés : Horace et Virgile constituent pour lui des modèles d'équilibre et d'art ; quant à Milton, il le range dans son *Essai sur la poésie épique* (1733) parmi les « grands génies persécutés de la fortune ».

D'autre part, Pococurante apparaît comme un esprit **satirique lucide,** qui parfois s'identifie à Voltaire : il répond à l'admiration sans nuances de Martin pour les ouvrages des libres penseurs anglais par une formule qui ne déparerait pas *Le Siècle de Louis XIV :* « Je serais content de la liberté qui inspire les génies anglais si la passion et l'esprit de parti ne corrompaient pas tout ce que cette précieuse liberté a d'estimable. ») ou cisèle des formules à la manière de La Bruyère ou La Rochefoucauld (« Les sots admirent tout dans un auteur estimé. »).

De plus, le savoureux portrait de Pococurante comporte une nuance de **caricature.** Ce dilettante n'use-t-il pas trop volontiers de superlatifs ou de formulations brutales ? Ce désabusé de tout ne prend-il pas comme critère de qualité littéraire l'utilité d'une œuvre, ce qui le conduit à proscrire tous les recueils des Académies parce qu' « il n'y a dans tous ces livres [...] une seule chose utile ». Ce sage ne s'emporte-t-il pas agressivement contre les outrances de Milton ? Et ne nous apparaît-il pas céder à un penchant atrabilaire quand il prononce une condamnation radicale de ses jardins (que le narrateur a présentés comme « bien entendus, et ornés de belles statues de marbre ».

Cependant, Voltaire confère également à Martin et à Candide des **réactions contradictoires** devant Pococurante. Martin apprécie les jugements d'humeur du sénateur vénitien et relance la conversation pour permettre à leur hôte de démolir une succession d'idoles. Candide est constamment pris à contre-pied — n'a-t-il pas été « élevé à ne jamais juger de rien par lui-même » ? — et il s'efforce désespérément de trouver un point d'accord avec Pococurante sur un de ces écrivains qui pour lui sont a priori de grands hommes. Sa tendance à suivre inconditionnellement un augure ou un modèle le conduit même, par un retournement qui souligne sa naïveté, à qualifier Pococurante d' « homme supérieur » et de « grand génie » uniquement parce qu'il croit avoir trouvé chez le Vénitien un savant philosophe mettant en question les auteurs anciens ou modernes les plus respectés, c'est-à-dire une sorte d'autre Pangloss.

Pococurante et le bonheur

Il ressort de son portrait que Pococurante, ayant usé de tous les plaisirs, est devenu incapable de trouver quelque piment nouveau dans l'existence. Voltaire prépare ainsi une des conclusions du conte : l'ennui est un des trois grands maux que doit vaincre l'homme.

Jacques Van den Heuvel (*Voltaire dans ses contes*, p. 273) souligne combien la figure de Pococurante s'accorde exactement au carnaval vénitien : « Son esprit est une sorte de Venise intellectuelle, avec ses jeux et ses mirages. Pour lui, tout se vaut, et il se retrouve sur ce plan avec Martin : l'un et l'autre ont fait table rase de leurs illusions, mais comme ils n'ont plus de véritable raison de vivre, leur détachement est devenu à son tour illusoire. » Pococurante (ce terme signifie « qui se soucie de peu de choses » ou plus vraisemblablement « qui se soucie peu des choses »), c'est l'homme de goût dont la culture à force de raffinement a perdu tout centre d'intérêt. « Il est au-dessus de tout ce qu'il possède », mais en réalité, il ne possède rien. Sans aucune prise sur la vie, il existe moins qu'il ne se regarde exister.

CHAPITRE 26

RESUME

Un soir, au moment de se mettre à table, Candide est abordé par un homme couleur de suie. Il reconnaît... Cacambo. Son fidèle valet, devenu esclave, lui apprend que Cunégonde se trouve sur les bords de la Propontide (l'actuelle mer de Marmara, près de Constantinople) et l'invite mystérieusement à se tenir prêt à partir.

Candide dîne avec Martin et six étrangers. A la fin du repas, les six voyageurs déclinent successivement leur identité et racontent leurs malheurs : on découvre que ce sont six rois détrônés venus « passer le carnaval à Venise ». Candide, plus riche que les six souverains réunis, fait don d'un diamant au roi Théodore qui est tombé dans la misère. Tout à sa joie d'aller retrouver sa chère Cunégonde à Constantinople, il ne remarque même pas « quatre altesses sérénissimes qui avaient aussi perdu leurs États par le sort de la guerre ».

COMMENTAIRE

Une scène de conte oriental

La **réapparition de Cacambo** est **invraisemblable** :
— d'après Martin, homme d'expérience (« Vous êtes bien simple, en vérité, de vous figurer qu'un valet métis qui a cinq ou six millions dans ses poches ira chercher votre maîtresse au bout du monde et vous l'amènera à Venise. », chapitre 24) ;
— compte tenu des circonstances (il est devenu l'esclave du sultan Achmet III).

Elle est rendue possible par le carnaval présenté comme une mascarade.

Le **mystère** est présent dans les propos de Cacambo (« je ne peux vous en dire davantage » ; « ne dites mot ; soupez, et tenez-vous prêt. ») et dans l'arrangement du souper, où Voltaire pratique l'art d'égarer le lecteur, avec la disparition successive des six domestiques dévoilant six identités de souverains à la fois différentes et interchangeables.

Les histoires royales s'accumulent et sont rythmées par la répétition des situations et des mimiques, scandées par le refrain final (« venu passer le carnaval à Venise ») et racontées par des personnages stéréotypés, relevant un peu du théâtre d'ombres.

La dégradation du romanesque et de l'histoire

L'**accumulation des invraisemblances** et le soin mis à justifier l'incroyable accusent le romanesque et mettent en lumière son improbabilité.

En cela est ridiculisée la philosophie de Pangloss, qui cherche à tout faire dépendre d'un rigoureux enchaînement de causes et d'effets.

L'**utilisation de l'actualité contemporaine** est impressionnante par sa précision (Voltaire a donné à tous ces souverains une place importante ou évoqué leur histoire dans l'*Essai sur les mœurs*, ou le *Précis du siècle de Louis XV*), mais ne relève en rien d'une représentation réaliste.

Les six personnages disent la vérité, et pourtant les six rois dans la réalité historique n'ont pu se rencontrer. Ces personnages sont conçus selon une illusion qui n'a ni lieu ni temps : ce sont des **silhouettes répondant à une fonctionnalité.**

Enfin, à l'invraisemblance du romanesque et de l'histoire, s'ajoute l'**illusion du cadre** : Venise revêt un décor de fête et son carnaval permet à des souverains déchus de venir s'étourdir et chercher à oublier que la vie a un sens.

Le sens du chapitre

D'une part, le chapitre a une signification politique. Dans sa *Correspondance* et dans ses *Mémoires*, Voltaire se fait souvent l'écho des malheurs éprouvés par les princes. Le héros de Candide se confond même avec Voltaire qui, en 1758, apporte un important secours financier à trois Altesses, le duc de Wurtemberg, l'Électeur Palatin et le duc de Saxe-Gotha. Si la rencontre est historiquement impossible, elle fournit à Voltaire l'occasion d'atteindre une vérité éternelle (qu'on peut illustrer en recherchant ce que sont devenus, depuis les deux guerres mondiales, des dizaines de souverains) : les misères guettent la grandeur et la fortune connaît toutes sortes de vicissitudes.

Le chapitre revêt aussi une signification philosophique. Son expérience personnelle des Cours (Paris, Berlin) permet à Voltaire de transposer dans le conte ses réflexions sur la relation entre le bonheur et la grandeur. Les souverains sont les pitoyables marionnettes de la destinée et il y a dans le monde des millions d'hommes infiniment plus à plaindre qu'eux.

Enfin, l'histoire de six rois déchus prend une valeur de **présage** — qui échappe entièrement à Candide. Le héros a retrouvé tout son enthousiasme à l'idée de revoir Cunégonde. Et il ne songe pas qu'elle puisse être elle aussi atteinte par la déchéance.

CHAPITRE 27

RESUME

Candide épilogue avec gravité sur l'étonnante rencontre de la veille : « On n'avait jamais vu ni ouï conter que six rois détrônés soupassent ensemble au cabaret. »

A peine monté sur le vaisseau qui l'emmène à Constantinople, il s'enquiert de ce qu'est devenue Cunégonde, « ce prodige de beauté ». La réponse de Cacambo le ramène à une réalité cruelle : l'héroïne est devenue une souillon « horriblement laide ». Candide persiste à vouloir l'épouser par « devoir » d'« honnête homme » et, dès son arrivée à Constantinople, affrète une galère pour aller la chercher sur les bords de la Propontide.

Sur la galère il prend pitié de deux forçats que le « lévanti patron » (patron turc) roue de coups et, en s'approchant d'eux, reconnaît sous leurs traits défigurés... le baron-jésuite (qui a été mal tué) et Pangloss (qui a été mal pendu). Tout à sa joie euphorique, Candide revient à Constantinople vendre des diamants à deux usuriers juifs afin de racheter les deux survivants de Thunder-ten-Tronckh et repart ensuite sur une autre galère pour délivrer Cunégonde.

COMMENTAIRE

La dégradation du rêve

Voltaire conserve jusqu'au début du chapitre l'image de **Cunégonde « prodige de beauté »**, soigneusement entretenue depuis le chapitre 12. Il peut ainsi créer un **contraste brutal avec la réalité** dévoilée par Cacambo : « Cunégonde lave les écuelles [...] chez un prince qui a très peu d'écuelles ; elle est esclave dans la maison d'un ancien souverain [...] à qui le Grand Turc donne trois écus par jour dans son asile ; mais, ce qui est bien plus triste, c'est qu'elle a perdu sa beauté, et qu'elle est devenue horriblement laide. » Cunégonde est donc ravalée au rang d'**esclave humiliée et défigurée** : les détails sordides contribuent à mieux détruire l'image qu'en gardait son tendre amant. La réaction de Candide est immédiate : « Ah ! belle ou laide, je suis honnête homme, et mon devoir est de l'aimer toujours. » Le héros prend soudain la place qui était celle de Cunégonde : c'est lui qui détient la puissance, c'est lui qui peut à son tour être aimé.

L'univers de Thunder-ten-Tronckh est retrouvé. Depuis sa vigoureuse expulsion par le baron, Candide transportait avec lui, en l'intériorisant, le monde de Thunder-ten-Tronckh et cherchait infructueusement à le recréer, dans le Nouveau Monde, à Paris, et enfin à Venise. Très symboliquement, Voltaire permet à son héros de **reconstituer cet univers... dans une galère.**

La parodie du romanesque

A la tradition du **roman d'aventures** ressortissent à la fois le **décor oriental** (la scène se déroule dans une galère turque sur le canal de la mer Noire) et la précipitation des événements : Candide évoque le souvenir de Pangloss à haute voix, les deux forçats laissent tomber leurs rames, la **double reconnaissance miraculeuse** intervient sur le bateau qui file « plus vite qu'un oiseau ne fend les airs » ; Candide recourt à un, puis à deux usuriers juifs ; Pangloss et le baron sont libérés ; on repart vers la Propontide. Cette accumulation de procédés romanesques donne l'impression d'une **trame allègrement extravagante** qui souligne l'image des désordres répandus dans le meilleur des mondes.

Pourtant, Voltaire ne parodie pas moins le **roman sentimental.** C'est « un mouvement naturel » de pitié qui incite Candide à s'intéresser aux deux forçats particulièrement maltraités par le chef de la chiourme.

Son émotion et sa sensibilité éclatent dans la grande scène des retrouvailles avec Pangloss et le baron : « Est-ce un songe ? veillé-je ? suis-je dans cette galère ? » Et il embrasse « cent fois » le baron et Pangloss. La malice de Voltaire apparaît quand le conteur présente Pangloss baignant de ses larmes les pieds de son libérateur.

Un comique chargé d'intentions

Les divers procédés comiques mis en œuvre par Voltaire permettent d'éluder le pathétique de la scène.

L'art de la caricature apparaît dans le comportement du lévanti patron ou les agissements des usuriers juifs, dans les gestes pris sur le vif lors de la scène de reconnaissance (« Ils s'embrassaient tous ; ils parlaient tous à la fois »), dans la morgue du baron limitant ses remerciements à un simple signe de tête.

Le **comique de mots** foisonne dans le chapitre. Candide donne noblement au chef de la chiourme du « seigneur » et du « Monsieur le lévanti patron », pour s'entendre qualifier en retour de « Chien de chrétien ». Ses questions aux deux miraculés ne sont pas moins drôles : « comment ne vous ai-je pas tué, mon cher baron ? et mon cher Pangloss, comment êtes-vous en vie après avoir été pendu ? »

Le **comique de situation** rejoint le comique de mots quand Candide découvre le baron derrière son apparence de misérable forçat : « Est-ce là monsieur le baron, que j'ai tué ? » La réapparition permet bien des effets comiques. Quant à Martin, c'est le contraste entre la réalité de Pangloss et l'image que Candide avait dressée de lui qui le fait réagir de façon comique, car il s'étonne pour une fois : « Quoi ! c'est là ce grand philosophe ? »

Le **burlesque** permet à Voltaire de jouer sur des disconvenances. A la question hautaine du baron (« est-il bien possible que ma sœur soit en Turquie ? »), Cacambo répond : « elle récure la vaisselle chez un prince en Transylvanie ». Et la dérision de la noblesse ou des grandeurs usurpées, un des principaux thèmes du conte, se fait jour dans les exigences du lévanti patron : « puisque ces deux chiens de forçats chrétiens sont des barons et des métaphysiciens, ce qui est sans doute une grande dignité dans leur pays, tu m'en donneras cinquante mille sequins. »

CHAPITRE 28

RESUME

Les deux miraculés racontent successivement leurs aventures. Le baron jésuite guéri de ses blessures a regagné l'Europe, puis est devenu aumônier de l'ambassadeur de France à Constantinople. Mais il a été surpris tout nu dans un bain avec un jeune page du sérail « très bien fait » et condamné aux galères.

Quant à Pangloss, sauvé du bûcher par un très violent orage qui a éteint les flammes et de la pendaison parce que la corde trempée ne s'est pas resserrée sur son cou, il a vécu d'expédients pour finir comme laquais à Constantinople. Mais il a été surpris dans une mosquée occupé à remettre un bouquet sur la gorge d'« une jeune dévote très jolie » et condamné aux galères.

L'accumulation de ses malheurs le laisse imperturbable et il ressasse, « Leibniz ne pouvant pas avoir tort », que « tout est pour le mieux dans le meilleur des mondes ».

COMMENTAIRE

La dérision de l'amour et de l'optimisme

A l'amour transi et fidèle de Candide pour Cunégonde, au moment où le héros vogue vers sa dulcinée par devoir puisqu'il sait qu'elle est devenue une hideuse souillon, le conteur oppose les aventures scabreuses du baron et les polissonneries de Pangloss : le héros poursuit son éducation sentimentale par une **« profanation de l'idéalisme de l'Amour »** (André Magnan).

De plus, Voltaire utilise l'amour pour illustrer sinon l'injustice (le baron jésuite et Pangloss, coupables au regard de la loi coranique, sont jugés régulièrement par le cadi), du moins la **présence constante de la fatalité et du mal.** Le baron et Pangloss n'ont pas le moins du monde évolué, mais leurs aventures font ressortir la contradiction entre ce qu'ils prétendent être et leur comportement réel.

Enfin, la **discussion finale** entre Candide et Pangloss montre la **transformation intellectuelle du jeune héros.** La question posée à son ancien précepteur, non exempte d'ironie, montre que Candide a pris ses distances (« Eh bien ! mon cher Pangloss, quand vous avez été pendu, disséqué, roué de coups, et que vous avez ramé aux galères, avez-vous toujours pensé que tout allait le mieux du monde ? »). Avec la beauté disparue de Cunégonde, le dernier fil qui le reliait à l'Éden de Westphalie a craqué et le héros est **contraint de constater** que son idéal reposait sur des illusions.

Pangloss en revanche s'**obstine** imperturbablement et deux de ses formules atteignent le paroxysme de l'absurdité (« Je suis toujours de mon premier sentiment [...] car enfin je suis philosophe : il ne me convient pas de me dédire, Leibniz ne pouvant pas avoir tort »). Cette fixité permet à Voltaire d'illustrer l'aberration des théories optimistes.

L'alliance de l'invention comique et de la satire

L'**accumulation des détails scabreux et la symétrie des situations forgées à plaisir** permet de ridiculiser les jésuites et Leibniz à travers les mésaventures du baron jésuite et de Pangloss poursuivis et condamnés pour affaires de mœurs : Voltaire joue sur le contraste entre l'idée que l'on se fait d'un religieux ou d'un philosophe et la réalité de leur comportement.

La cocasserie des détails réalistes expliquant l'échec du supplice par le feu puis de la pendaison **parodie les explications** données **a posteriori** dans les romans romanesques pour expliquer les résurrections. Voltaire peut en même temps rappeler ainsi l'atrocité de l'Inquisition.

Enfin, les réactions de la femme du chirurgien — convaincue que l'incision en forme de croix pratiquée par son mari sur Pangloss a fait sortir le diable du corps d'un possédé —, ses explications volubiles, sa précipitation à chercher un prêtre permettent une **satire amusante de la superstition** et la « bouffonnerie absurde » (René Pomeau) de la tirade finale de Pangloss offre l'occasion de tourner en dérision la logomachie des métaphysiciens et de discréditer les théories de Leibniz.

CHAPITRE 29

RESUME

Candide aborde sur le rivage de la Propontide et il est « saisi d'horreur » à la vue de Cunégonde hideuse et défigurée. Il la rachète, ainsi que la Vieille, s'installe dans une petite métairie, subit les pressions acariâtres de Cunégonde et l'épouse par « bonté », malgré l'opposition obstinée et violente du baron qui refuse une telle mésalliance pour sa sœur.

COMMENTAIRE

La transformation de Cunégonde

La silhouette de la « belle Cunégonde » achève de se dégrader. C'est maintenant une **esclave pauvre** qui lave et étend des serviettes. A l'image de ses charmes, Voltaire substitue celle d'un **objet d' « horreur »** dont il détaille sardoniquement le physique (« rembrunie, les yeux éraillés, la gorge sèche, les joues ridées, les bras rouges et écaillés »). Son **caractère** ne s'est pas moins **altéré** : devenue acariâtre et autoritaire, elle fait se « souvenir Candide de ses promesses avec un ton [...] absolu ».

Par ailleurs, les retrouvailles de Candide et de Cunégonde sur le bord de la Propontide n'ont rien de commun avec la gaîté romanesque et sensuelle qui présidait à leurs retrouvailles près de Lisbonne dans les chapitres 7 et 8, quand la tendresse et les transports galants faisaient équilibre aux défaites de la vertu et à la fragilité du bonheur. **Le seul point de rencontre** maintenant est **le mariage, exigé par Cunégonde comme un dû** et que Candide accepte à la fois par « bonté » et parce qu'il n'ose pas refuser.

Ainsi, la parodie du roman sentimental est menée à son terme. Le héros retrouve sa bien-aimée après une accumulation de péripéties et après l'élimination des obstacles ; il va l'épouser. Mais **à cette situation conventionnelle,** traduite par un langage mondain où les clichés foisonnent (« tendre amant », « belle Cunégonde », « bon procédé ») **s'oppose une réalité triviale** : l'héroïne romanesque n'est plus qu'une laveuse de serviettes aigrie et défigurée. De ce décalage naît la **chute burlesque de Cunégonde, qui dénonce l'illusion amoureuse.** Voltaire complète ainsi sa **condamnation de l'amour romanesque et de la passion.** Mais il n'exclut pas le mariage — malgré le bref mouvement de dégoût manifesté par Candide — considéré comme une façon d'accepter avec lucidité, après maintes souffrances, les imperfections de l'existence.

La victoire de la bâtardise et de l'argent sur la noblesse

Le baron a conservé toute sa morgue, que soulignent les termes de « bassesse », d' « insolence » et d' « infâmie » accompagnant son refus de voir sa sœur épouser Candide. Ses douloureuses aventures ne lui ont rien appris du monde réel et il conserve comme seules références « les chapitres d'Allemagne » et le Saint-Empire romain germanique. L'esprit de caste et la violence du baron expliquent l'exaltation de son ultime réplique (« Tu peux me tuer encore, mais tu n'épouseras pas ma sœur de mon vivant. ») qui le ravale au rang d'être **socialement incurable.**

Quant à l'**évolution de Candide, elle s'affirme de plus en plus.** Candide n'est plus un adolescent soumis aux conventions, mais un homme qui s'oppose fermement à l'arrogance du baron. Il tutoie son ancien maître, lui rappelle qu'il l'a sauvé de l'esclavage et paraît beaucoup plus désireux d'épouser Cunégonde dès lors que le baron frappe cette union d'un interdit social. La victoire de Candide apparaît dès lors dans la **transgression de l'interdit.** Quand il effectuait une pesée des bonheurs au premier chapitre, Candide plaçait l'amour de Cunégonde bien après « le bonheur d'être né baron de Thunder-ten-Tronckh ». En se mariant avec Cunégonde, il épouse la fille du baron et va occuper la place du baron. La **noblesse** est ainsi dénoncée comme une illusion par la **revanche du bâtard.**

Cependant, cette revanche est due au **pouvoir objectif** et à la **supériorité conférés par l'argent.** C'est sa fortune qui permet à Candide de racheter le baron, puis de racheter Cunégonde. Et il n'hésite pas à apprécier sa suprématie financière (« j'ai payé ta rançon, j'ai payé celle de ta sœur »). Ce pouvoir économique, fondant l'autorité nouvelle de Candide, est celui de la bourgeoisie, classe conquérante qui obtiendra avec la Révolution de 1789 une victoire politique élargissant son poids économique grâce à l'abolition des privilèges.

CHAPITRE 30

RESUME

Rappelé à ses engagements, Candide se décide, sans aucun enthousiasme, à épouser Cunégonde. Le baron, qui refuse toujours cette mésalliance, est remis aux galères, charge étant confiée au lévanti patron de le ramener au père général des Jésuites.

Les malheurs de la petite communauté s'aggravent : les rancœurs, les déceptions, les querelles, l'ennui de ne rien faire s'ajoutent à la ruine financière de Candide. Quand Paquette et Frère Giroflée viennent, avec leur misère, se réfugier dans la modeste métairie, Candide, Pangloss et Martin, incapables de résoudre leurs délires métaphysiques, interrogent un derviche fameux sur le sens de la vie humaine. Le derviche leur conseille de se taire et leur claque la porte au nez. A Constantinople, les assassinats politiques se succèdent. Un sage vieillard, qui ignore tout de la vie publique et cultive avec amour ses vingt arpents de terre (sept à huit hectares), leur conseille le travail qui, dit-il, « éloigne de nous trois grands maux, l'ennui, le vice, et le besoin ».

Cet exemple entraîne Candide à de profondes réflexions, puis à une conclusion : « il faut cultiver notre jardin. » Sa décision recueille l'assentiment général. Même Pangloss s'y rallie et Martin trouve que c'est le seul moyen de rendre la vie supportable. Sous la direction désormais incontestée de Candide, la petite communauté vit dans l'aisance et s'épanouit, trouvant enfin un sens à son existence.

COMMENTAIRE

La découverte de l'ennui

Candide — maintenant que Cunégonde enlaidie ne peut plus donner un but à sa destinée — **est saisi par le doute et la conscience que la réalité diffère du rêve.** Sans doute le mariage avec Cunégonde le flatte-t-il : il prendra la place que tenait le baron Thunder-ten-Tronckh en renvoyant son insupportable fils aux galères et en épousant sa fille.

Mais si ce mariage symbolise pour lui l'accomplissement de la relation autrefois prohibée, la fidélité est devenue un triste leurre : Cunégonde n'est plus ni belle ni bonne ni touchante, mais hideuse, « acariâtre et insupportable ». Après avoir été « violée autant qu'on peut l'être », après avoir collectionné les amants, Cunégonde insiste de façon pressante pour se faire épouser. On comprend dès lors qu'une telle union, à laquelle Candide se résout finalement sans enthousiasme, relègue l'amour au rang d'une illusion et remplace l'espoir par l'**ennui** d'un quotidien décevant.

La fin des grandes espérances n'est pas moins sensible sur le plan matériel : à force d'être trompé par les usuriers, Candide **perd le pouvoir économique** et la suprématie sociale que lui avait conférés l'argent. Il ne lui reste « plus rien que sa petite métairie » et sa ruine financière paraît exclure toute alternative à son existence et à celle de ses compagnons.

Par ailleurs, l'accentuation de la **pression exercée par l'ennui** apparaît chez les autres personnages. Dans un **espace aussi limité** que la petite métairie, Cunégonde et la Vieille rivalisent « de mauvaise humeur », Cacambo maudit sa destinée, Pangloss sombre dans le désespoir. Ils en arrivent même à se demander si toutes les horreurs du monde ne sont pas plus faciles à supporter qu'une existence où l'on doit « rester à ne rien faire ».

Pourtant, les **discussions sur la métaphysique et la morale** deviennent pour Candide, Martin et Pangloss le seul moyen de tromper un ennui que le conteur qualifie pléonastiquement de « si excessif ». Elles se nourrissent d'une réflexion sur l'**instabilité permanente des hautes dignités turques** — les « effendis, bachas, cadis » (= ministres, gouverneurs de province, juges) se succèdent comme les acteurs sur une scène de théâtre — et la cruauté des épurations, relevée avec une rigoureuse exactitude dans le détail (les têtes coupées étaient vidées de leur cervelle, empaillées et exposées dans des niches au portail du vieux palais du sultan). L'allusion satirique aux changements incessants de ministres sous Louis XV est voyante : l'opinion était scandalisée et on rappelait que, durant son très long règne, Louis XIV ne s'était séparé que de trois ministres alors qu'en 1757-1758 Louis XV disgrâcie successivement Machault, d'Argenson et Bernis, ce qui fait écrire Voltaire à Madame du Deffand le 27 décembre 1758 : « J'entends parler quelquefois des révolutions de la cour et de tant de ministres qui passent en revue rapidement, comme dans une lanterne magique. » C'est une façon de montrer que l'**action politique et le pouvoir ne mènent qu'au malheur** (ce que Voltaire va développer un peu plus loin à propos d'une révolution de palais), tout en suggérant que les disgrâces successives de ministres rapprochent la monarchie française de l'Empire ottoman, symbole du despotisme depuis *L'Esprit des lois* de Montesquieu.

Quant à l'**arrivée de Paquette et de Frère Giroflée, elle joue un rôle de catalyseur** et **détermine Candide à une consultation philosophique auprès d'un sage autre que Pangloss.** Il faut essayer de sortir du dilemme posé par Martin — « l'homme était né pour vivre dans les convulsions de l'inquiétude, ou dans la léthargie de l'ennui. » — et du conflit créé par la venue miraculeuse et misérable des deux jeunes gens : Pangloss explique cette venue par une finalité providentielle (« Le Ciel vous ramène donc ici ») et Martin y voit une justification de son pessimisme (« Je l'avais bien prévu que vos présents [...] ne les rendraient que plus misérables. »), tandis que Candide hésite « plus que jamais ».

La parabole du derviche

Personnage traditionnel et symbole de la sagesse dans les contes orientaux, le **derviche** voisin passe « pour le meilleur philosophe de la Turquie ». La malice est évidente : les philosophes turcs célèbres ne sont pas légion au XVIIIe siècle et de plus pour Voltaire il existe une antinomie fondamentale entre la religion et la philosophie. Dans sa naïve perplexité la petite communauté considère la seule présence du derviche comme une bouée de secours et **Pangloss,** porte-parole car il ne sait que parler, **interroge le derviche sur la finalité de la création humaine** en posant une question (« nous venons vous prier de nous dire pourquoi un aussi étrange animal que l'homme a été formé. ») qui rappelle son antienne « Il n'y a pas d'effet sans cause ».

A cette question d'ordre métaphysique relayée de façon burlesque par Candide, **le derviche répond en condamnant la métaphysique.**

D'abord, il oppose une **fin de non-recevoir** presque grossière **aux questions insolubles pour l'homme** : « De quoi te mêles-tu ? [...] ; est-ce là ton affaire ? »

Ensuite, il montre par un très bref apologue oriental que les événements particuliers ne sont rien au regard de Dieu et que **la Providence est universelle.** On notera à ce propos que le derviche ne résout pas la contradiction : le Sultan n'a pas créé les souris et n'en est donc pas responsable, tandis que Dieu a créé les hommes, ce qui engage sa responsabilité à leur égard.

Enfin, il propose en deux mots **(« Te taire »)** une sagesse qui découle logiquement de son constat — on ne peut pas comprendre la Providence — et qui reprend presque textuellement les termes d'une lettre à Élie Bertrand où Voltaire, le 27 décembre 1757, constate l'inanité des discussions métaphysiques : « Que faut-il donc faire ? Rien ; se taire, vivre en paix et manger son pain à l'ombre de son figuier ; laisser le monde aller comme il va. »

Il referme la « porte au nez » de Pangloss, réponse méritée à ses yeux par la diarrhée verbale du philosophe allemand qui entasse dans le désordre toutes les notions leibniziennes les plus complexes : « Je me flattais de raisonner un peu avec vous des effets et des causes, du meilleur des mondes possibles, de l'origine du mal, de la nature de l'âme, et de l'harmonie préétablie. »

Ce moment du conte, avec le refus brutal de toute explication par le derviche et la porte claquée au nez des trois désespérés, « représente sans doute », comme le remarque Jacques Van den Heuvel (*Voltaire dans ses Contes*, p. 274-275) **« le point le plus bas du pessimisme de *Candide*.** L'horreur initiale était en un sens moins lugubre : maintenant que la crise est passée, la condition de l'homme apparaît dans toute sa platitude. Et la connaissance lui semble une fois pour toutes refusée ; le voilà ramené aux nécessités les plus frustes : boire, manger, dormir, et surtout se taire. Si *Candide* s'arrêtait deux pages avant sa fin véritable, le divorce entre l'essence et l'existence y apparaîtrait sans appel, et le roman sombrerait dans la désolation ».

La parabole du sage vieillard

La question posée par Pangloss au « bon vieillard » est parfaitement dérisoire. Le nom du muphti étranglé n'apporte rien à l'affaire. Le vieillard lui répond en opposant deux attitudes, l'action politique qui est dangereuse et l'action économique qui est profitable.

Quant au récit de la réception, celui-ci fourmille de détails **exotiques** : le vieillard et ses enfants offrent toutes sortes de raretés et de mets délicieux, évocateurs d'un Orient pittoresque, raffiné et sensuel (voir l'épisode des barbes parfumées par les deux filles du bon musulman). En dégageant ainsi le conte de ses racines européennes, Voltaire renforce sa signification symbolique.

Donc, l'enseignement qui se dégage de la formule du paysan turc est très clair. Ce **sage jouit du fruit de son travail** et c'est la première personne, parmi tous celles que Candide a trouvées sur son chemin, qui soit capable de donner un sens à l'existence tout en évitant les trois principaux maux qui menacent l'homme : l'**ennui,** né de l'inaction, commun au riche sénateur Pococurante et aux membres de la petite communauté, le **vice** dont Candide a rencontré toutes les formes en Europe et en Amérique, et le **besoin** auquel ses compagnons et lui-même sont confrontés, maintenant qu'il ne reste plus rien des diamants de l'Eldorado. L'exemple du vieillard impressionne fortement Candide et va inspirer la morale finale du jardin : le héros a compris que s'abandonner à la Providence est une forme de paresse et qu'il faut prendre la réalité à bras-le-corps.

La morale du jardin

Candide fait un **choix novateur.** La décision de Candide (« il faut cultiver notre jardin ») porte condamnation des illusions caricaturées dans le paradis de Thunder-ten-Tronckh — la noblesse, l'amour et la métaphysique — et se réfère au **rôle économique et social de l'agriculture,** annonçant l'idéal des physiocrates.

Cependant, Pangloss, incorrigible bavard, continue à confondre les mots et les choses. Tantôt il ressasse, comme une mécanique tournant à vide, des références historiques abstraites rapportées a priori à la fragilité des grandeurs royales, tantôt il répète à plaisir les malheurs atroces éprouvés par Candide pour démontrer gratuitement la finalité d'une vie heureuse nourrie de cédrats confits et de pistaches. Néanmoins il se laisse couper la parole par Candide qui prend maintenant la direction de la communauté. **Pangloss abandonne désormais le dernier mot à son ancien élève** et consent même à justifier théoriquement, à partir d'un a priori métaphysique tiré d'une référence biblique, la nécessité du travail imposée par Candide.

Ainsi, la communauté est passée à l'action. Allègrement, efficacement, chacun de ses membres s'est mis au travail et « la petite terre rapporta beaucoup », permettant aux héros d'**atteindre le même degré de prospérité que le sage vieillard turc.** Une brève revue des personnages montre qu'au contact de cette terre vivifiante, tous évoluent positivement. Cunégonde n'est plus présentée comme un laideron « acariâtre », mais comme une excellente pâtissière. Même un moine comme Frère Giroflée se rend utile, apprend — avant l'Émile de Rousseau — le métier de menuisier et devient agréable à fréquenter.

En ce qui concerne la **formule finale,** d'abord suggérée, puis énoncée et enfin imposée à l'esprit par la répétition, elle ne correspond nullement à une « morale du dégagement » (Roland Barthes) ni à une morale du désengagement. **Elle annonce la pratique personnelle de Voltaire,** les vingt années de Ferney consacrées à l'amélioration du sort des paysans déshérités et plus généralement à la lutte pour l'émancipation de l'humanité.

Elle reprend la **morale de l'action** exaltée dans la XXVe *Lettre philosophique*. Une nouvelle fois Voltaire soutient contre Pascal que le divertissement est le seul remède efficace à la misère de l'homme. Mais le divertissement ne se conçoit que dans le cadre d'une activité utile, la transformation d'un lopin de terre situé au bout du monde en foyer de civilisation.

Clôture et apprentissage

De Thunder-ten-Tronckh à la Propontide, en passant par le Paraguay, l'Eldorado, Paris ou Venise, Candide est passé d'un monde clos à un autre. Le jardin clôt le voyage lui-même et permet à Candide d'achever son apprentissage, en nuançant à la lumière des réalités son désir de recomposer le monde perdu.

Synthèse littéraire

LA SITUATION FINALE DES PERSONNAGES

Candide

L'unité du conte s'organise autour de son protagoniste, présent dans tous les chapitres, récepteur de toutes les histoires et souvent escorté d'un compagnon avec qui il effectue une rencontre. Cette distribution permet au récit de se développer comme un « roman de formation » qui raconte les « apprentissages » du héros. Présenté au premier chapitre comme doux et innocent, Candide mérite son nom, ou plutôt son surnom, dû à sa bonne foi sincère et à sa crédulité. Son comportement et ses propos s'expliquent par une confiance béate et une docilité mécanique héritées de son éducation. Le héros a pourtant « le jugement assez droit » ; c'est pourquoi l'expérience vécue lui permet de conquérir progressivement une certaine indépendance intellectuelle. Sa sensibilité naturelle l'aide d'ailleurs à confronter le monde aux leçons de son maître Pangloss et son émotivité accentue la consistance du récit en donnant une résonance humaine aux moments de bonheur ou de malheur. Impulsif, mais réfléchi dans ses jugements, Candide réussit finalement à se forger un art de vivre et une sagesse.

Cunégonde

Bien en chair et très sensuelle, s'accommodant volontiers d'une vie de femme galante, Cunégonde prend paradoxalement sa signification romanesque dans la tendresse que lui porte Candide et symbolise l'illusion de l'amour. Son image trouble permet au héros de rêver et de garder courage au milieu des plus affreux malheurs. Quand il la retrouve à la fin du roman, « les yeux éraillés, la gorge sèche, les joues ridées », la fille du baron est devenue elle-même, laide, aigrie et autoritaire. Chute burlesque que Candide amortit en épousant Cunégonde et en lui révélant sa vocation : devenir une excellente pâtissière.

Le fils du baron

Le baron jésuite n'a pas de prénom, mais il s'impose comme « un très beau jeune homme, le visage plein, assez mou, haut en couleur, le sourcil relevé, l'œil vif ». Son caractère est celui d'un cyclothymique : il s'attendrit dans une joie fraternelle quand il retrouve Candide et évoque le passé westphalien, puis il entre dans une violente fureur à l'idée que Candide veuille épouser Cunégonde et le frappe de son épée. Ce militaire est aussi un jésuite : usant du vocabulaire de son état, il se félicite d'avoir été choisi pour « aller travailler dans cette vigne ». La piété n'exclut pas les faiblesses humaines et Voltaire souligne malicieusement l'homosexualité du personnage. Miraculeusement sauvé et racheté par Candide, le baron conserve sa violence, son esprit de caste et son entêtement. Irrécupérable socialement, il est rejeté à la fin du roman par l'ensemble de la communauté.

Pangloss

Voltaire fait de Pangloss une incarnation de Leibniz et le zélateur de la Providence, tout en lui conférant une consistance réelle. Le docteur borgne s'est enflammé un jour pour la philosophie du meilleur des mondes et rien n'en fera démordre ce pédant intarissable. Son entêtement le rend à la fois comique et profondément humain, jusque dans ses faiblesses de bon vivant. Ce n'est donc nullement une entité, même si son obstination l'oppose aux autres personnages du roman, que les malheurs ont fait évoluer. En le fustigeant, Voltaire se prémunit lui-même : « Pangloss, observe René Pomeau, représente celui qu'il ne veut pas devenir, un philosophe emmuré dans ses constructions verbales. »

Martin

Ce philosophe manichéen, convaincu qu'il y a « peu de vertu et de bonheur sur la terre, excepté peut-être dans l'Eldorado où nul ne pouvait aller », fonde son idéologie sur les faits et sur la raison. Sa perspicacité, constamment orientée sur la détection ou la prévision du mal, aide Candide à comprendre que tout n'est pas pour le mieux dans le meilleur des mondes et son réalisme lui enseigne qu'il faut se méfier des spéculations.

LE CONTE VOLTAIRIEN

Romanesque et incohérence

Soucieux de concevoir une structure qui reflète les incohérences du monde, Voltaire nourrit *Candide* de poncifs puisés dans les romans d'aventure à la mode. Un échantillonnage permet l'**illusion d'une trame romanesque extravagante.** Le lecteur voit se succéder une tempête et un naufrage, un emprisonnement, un enlèvement, un duel, deux scènes de corsaires, une vente comme esclave, plusieurs reconnaissances, plusieurs résurrections. Il s'en dégage une impression très forte qui répond à la volonté de l'auteur : imposer l'image des vicissitudes de l'existence humaine. Martin reflète le sentiment des autres personnages du conte quand il constate au chapitre 21 : « J'ai tant vu de choses extraordinaires qu'il n'y a plus rien d'extraordinaire. » L'utilisation des moyens romanesques permet donc à l'auteur de **démystifier la vie.**

Burlesque et démystification

Tout au long de *Candide,* l'idéal apparaît comme une pure chimère, l'auteur anéantissant ainsi le mythe du roman sentimental. Fille d'une princesse et d'un pape, la Vieille devient esclave, passe d'un barbaresque à l'autre et connaît tous les cabarets de Russie, d'Allemagne ou de Hollande. L'appétissante Cunégonde court d'une aventure avilissante à l'autre et finirait comme laveuse d'écuelles si Candide ne la rachetait. Nous voilà bien à l'opposé des héroïnes pudiques du roman galant : **la déformation volontaire, qui tend à la démystification, joue ici un rôle fonctionnel.** Soucieux de dénoncer en divertissant, Voltaire refuse de jouer sur la sensibilité du lecteur en multipliant les détails incongrus et les scènes en porte à faux.

Picaresque et critique

Sa volonté de démystifier conduit Voltaire à utiliser l'impact critique du modèle picaresque, illustré par Lesage dans l'*Histoire de Gil Blas.* Candide témoigne de la difficulté de vivre dans le monde selon des principes que détruit une vérité révélée progressivement par l'expérience. Éternel ingénu, capable de s'étonner devant ce que chacun accepte sans discuter, le héros représente l'humanité entière. Poussant à l'extrême « la tension entre l'illusion narrative et le symbolisme idéologique » (Didier Souillier), le récit présente un **voyageur dont le regard favorise la critique de la société et de ses mœurs.**

Apprentissage et philosophie

Les romans de Marivaux et de Prévost confrontaient un être à la réalité des mœurs ou des civilisations et relataient son apprentissage de la vie. L'aventure de Candide — la rencontre entre une conscience et le monde extérieur — s'inscrit dans cette tradition. Complètement aliéné par Pangloss au début du conte, le héros reprend pied dans la réalité après son séjour en Eldorado, perd ses illusions à Surinam, et achève son éducation à la vue de Cunégonde enlaidie. Devenu lucide, il est en mesure de trouver lui-même une sagesse positive — « Il faut cultiver notre jardin » — et de refuser définitivement tout discours métaphysique. A travers l'incohérence des aventures, **les événements de ce conte** rigoureusement construit **contribuent à la formation de la personnalité du héros.** A sa fonction critique, le conte ajoute une leçon positive.

OBJECTIVITÉ ET SUBVERSION

L'effacement de Voltaire

La distinction entre l'auteur et le narrateur est volontairement accentuée dans *Candide* : l'ouvrage est présenté comme une traduction de l'allemand, ce qui fait escompter un examen philosophique solide et sérieux. Cet effacement de l'auteur correspond à une survivance du goût classique : la fiction n'ose s'avouer pour telle et emprunte les apparences de la réalité à un manuscrit présenté comme authentique. Le caractère fictif de l'œuvre en est gommé au profit de la vraisemblance et en même temps l'auteur brouille les pistes pour échapper à la censure au moment où une grande campagne dévote dénonce les philosophes comme des ennemis du roi et de Dieu.

Le récit à la troisième personne

L'adoption du récit à la troisième personne renforce **l'apparence d'objectivité**, ainsi que la **distance entre Voltaire et son œuvre.** Le narrateur est évincé du récit, puisqu'il n'incarne aucun personnage. La fiction apparaît donc comme une réalité objective, prétendant à la véracité du témoignage : « Il y avait en Westphalie, dans le château de monsieur le baron de Thunder-ten-Tronckh, un jeune garçon »... Cet effet d'objectivation permet d'inverser la présentation de la réalité : le narrateur souligne l'inhumanité des traitements infligés à Candide chez les Bulgares en insistant sur le constant respect des formes juridiques.

L'alternance des voix narratives

Ce procédé permet à Voltaire de **transférer à un de ses personnages la responsabilité de l'énonciation.** L'insertion d'un récit dans le récit relève de cette technique qui offre aux chapitres 8 et 15 deux nouvelles versions de la fin de Thunder-ten-Tronckh vues cette fois par Cunégonde, puis par le jeune baron. Sous forme d'« histoire intercalée », la narration par la Vieille de ses terribles aventures, présentées à dessein comme relativement ordinaires, fournit à l'auteur une occasion exceptionnelle pour concentrer en deux chapitres toutes les formes du Mal. Dans ce récit en abîme, le passage au style direct renforce l'impression d'une narration objective qui s'en remet au personnage. C'est encore un changement de voix narrative, appliqué au dialogue, qui permet à Voltaire de faire prononcer la condamnation de l'esclavage par le Noir qui en est victime : « C'est à ce prix que vous mangez du sucre en Europe. »

Focalisations

Voltaire affirme dans le récit sa propre vision des événements : la **« focalisation zéro »** révèle un narrateur omniscient qui, dès le premier chapitre, connaît les secrets de la naissance de Cunégonde, discerne les pensées intimes de Candide, assiste avec Cunégonde aux ébats de Pangloss et de Paquette, et n'ignore rien de ce qui se passe derrière le paravent. Cette connaissance globale des choses permet à l'écrivain de raconter chaque événement comme les personnages sont supposés le voir ou le ressentir, et renforce sa vision critique du monde. L'écrivain use parfois de la **focalisation externe** : la vision d'un témoin extérieur fait ressortir la cruauté ou l'absurdité d'une situation injustifiable. Mais il recourt beaucoup plus fréquemment au point de vue de son héros sur les événements qu'il voit ou qu'il vit. La **focalisation interne** permet de présenter la bataille entre les Abares et les Bulgares avec des détails qui révèlent l'incompréhension totale du naïf Candide, bercé par le Credo optimiste de son précépteur. Le jeune homme raconte la bataille sur un ton d'allégresse qui fait ressortir ironiquement l'horreur de la guerre. Commentateur de sa propre aventure, le héros est incapable de fournir une analyse critique ou d'expliquer le sens d'événements qui le dépassent.

CONTE ET ANTI-CONTE

Imaginaire et interrogation

La fantaisie débridée d'une intrigue fertile en péripéties, rebondissements et coups de théâtre répond à l'attente du lecteur. Mais elle n'a rien de gratuit : les événements dans *Candide* sont étroitement imbriqués dans l'histoire politique, économique et sociale du siècle. Ils servent à véhiculer l'idée d'une liaison entre la métaphysique et les formes de tyrannie dont sont victimes les philosophes. Voltaire emprunte à l'**imaginaire** — et à l'**utopie** dans le paradis eldoradien — pour poser de multiples questions : en ce sens le meurtre du jeune baron constitue une victoire du bourgeois sur le noble. Il n'est jusqu'à l'**incohérence des enchaînements** qui ne permette une **lecture critique,** si on rapproche l'autodafé et le feu allumé par les Oreillons anthropophages. Quant à la multiplication des aventures, elle revêt une signification profonde : les allusions incessantes à la réalité montrent que seul leur nombre rend les aventures irréelles ; Voltaire n'en est plus à se battre contre un désordre ou une injustice, mais contre un ensemble de désordres et d'injustices.

Merveilleux et masque

Le merveilleux qui foisonne dans *Candide* — résurrections, canot enchanté, machine extraordinaire — relève d'une **double lecture,** c'est-à-dire d'une analyse rationnelle montrant comment à partir d'apparences se fabriquent de fausses évidences : si nous voyons revivre Cunégonde, le baron ou Pangloss, c'est que nous avions cru à leur mort — que pourtant le narrateur n'avait nullement annoncée. Quant à la plus étonnante merveille de *Candide* selon Voltaire, le souper des six rois détrônés, n'est-elle pas là pour couvrir d'un **masque** la gravité du problème posé par cet épisode du conte ?

Personnages et ambiguïté

L'automatisme de personnages irréels fait partie des traditions du conte. Voltaire en joue à merveille, mais il introduit constamment des détails qui donnent de l'épaisseur à ses héros. On apprend par exemple au chapitre 25 que Candide a été « élevé à ne jamais juger de rien par lui-même ». C'est donc son éducation qui est en cause, et non un trait de caractère. Le **ressassement** et l'**exagération** servent aussi à dépasser la fonction de l'automatisme et à établir des **liaisons critiques.** On nous répète que Candide est le meilleur homme du monde, mais, comme par hasard, il tue trois personnages qui jouent un rôle social déterminant.

Histoire et regard neuf

Comme dans tous les contes, l'intrigue de *Candide* apparaît atemporelle. Mais les références à l'histoire plongent le lecteur dans la Guerre de Sept Ans, le tremblement de terre de Lisbonne ou le Paraguay des jésuites. Cette intrusion de l'histoire dans le conte en gauchit tous les caractères, en déplace l'impact et répond à une des finalités de l'œuvre : amener le lecteur à **prendre conscience de ce qu'il n'avait pas été habitué à voir.**

LES LEÇONS DE *CANDIDE*

Dénonciation du sectarisme et du fanatisme

Toute sa vie Voltaire — tout en ne remettant nullement en cause l'existence de Dieu — a ridiculisé les religions révélées, les hommes d'Église et les institutions religieuses. La lecture de *Candide* montre la force de ses convictions. Le christianisme s'y présente partout sous la forme de multiples sectes rivales en quête de prosélytes et de conquêtes. Et la vision de l'Islam ou de la religion juive n'est pas moins critique. On comprend que les institutions religieuses soient violemment attaquées par Voltaire et qu'il y décèle le **fanatisme** : les chapitres 5 et 6 dénoncent de façon cinglante l'Inquisition, et l'**hypocrisie** de l' « Infâme » apparaît dans le double langage de l'Église sur le problème de l'esclavage ou dans le recours au même Te Deum dans les deux camps pour remercier Dieu après la bataille.

L'horreur de la guerre

La guerre est évoquée dans *Candide* de façon obsédante. Dès le deuxième chapitre elle fond sur le héros : on est dans une époque où « un million d'assassins enrégimentés, courant d'un bout de l'Europe à l'autre, exerce le meurtre et le brigandage ». L'horreur de Voltaire contre la « boucherie héroïque » est à l'origine même de *Candide*. Profondément bouleversé par les massacres de la Guerre de Sept Ans, l'écrivain joue alternativement de tableaux suggestifs étalant les atrocités ou de récits où une ironie sarcastique souligne l'**absurdité de la guerre.**

Le scandale du mal

Voltaire n'a pas été moins troublé par le tremblement de terre de Lisbonne. Frappé dans sa sensibilité, il met en accusation le meilleur des mondes, se révolte contre le **scandale du mal** et condamne toutes les impostures consolantes des philosophes providentialistes qu'incarne l'optimisme entêté de Pangloss. L'histoire de la Vieille réunit dans la même existence à peu près toutes les formes de ce mal que Candide découvre tout au long de son périple.

Paix, tolérance et action

Cultiver son jardin en limitant son horizon ne correspond en rien à la nature même de Voltaire. Tout un système de signes donne son sens au dernier chapitre du roman. Si par exemple chrétiens et musulmans cohabitent sur la Propontide, ce n'est pas un hasard : la **tolérance** s'installe quand on abandonne les dogmes au profit des vertus pratiques. La seule loi proposée par Candide est une loi laïque — « Il faut cultiver notre jardin. » —, préconisant le **travail** comme un **moyen de libération et de sagesse** : à la société inutile de Thunder-ten-Tronckh succède la société productive de la Propontide.

Non moins riche de prolongements, la signification idéologique du jardin apparaît dans la détermination de Candide. Marquant la frontière entre les domaines ouverts à l'homme et les vaines spéculations métaphysiques, le héros interrompt Pangloss et renonce sagement à toute interrogation sur la Providence, l'Univers et le sens de la vie.

Sa générosité lui a permis de comprendre la leçon de solidarité donnée par le vieillard turc qui travaille en communauté avec ses enfants pour éviter « l'ennui, le vice, et le besoin ». Parmi tous les survivants du grand voyage à travers le monde, Candide est le seul à vouloir **améliorer la vie des hommes.** En cela la leçon du conte est tout le contraire d'une morale du désespoir. Et elle doit être replacée dans la perspective voltairienne de l'homme fait pour l'**action.**

Lexique

Déisme : Conception de Dieu indépendante de toute religion, de tout dogme, et de toute Église, fondée soit sur un raisonnement philosophique (chez Voltaire), soit sur une intuition du cœur (chez Rousseau).

Guerre de Sept Ans : Conflit européen (1756-1763) opposant la France, l'Autriche, l'Espagne, et la Russie à l'Angleterre et à la Prusse. Après avoir ravagé la Saxe, Frédéric II bat successivement en 1757 les Français à Rossbach et les Autrichiens, puis en 1758 les Russes. L'Angleterre s'attaque à à la flotte et aux colonies françaises (le Canada et l'Inde). Après une succession de désastres irréparables, Louis XV devra signer en 1763 le Traité de Paris.

Inquisition : Le mot désigne à la fois la procédure (créée par le pape Innocent III et aggravée par le Concile de 1215) chargée de poursuivre les hérétiques et la juridiction ecclésiastique devant laquelle étaient déférés les accusés d'hérésie, c'est-à-dire de manquement à la doctrine de l'Église.

Jésuites : Ordre religieux fondé par Ignace de Loyala en 1540, pour assurer l'enseignement, la prédication, les missions à l'étranger (notamment au Paraguay dès 1566) et le ministère des rois. L'infiltration des jésuites dans la politique, leur conflit avec les parlementaires gallicans, la haine des jansénistes et le combat mené contre eux par les Encyclopédistes contribuent à leur expulsion de France en 1759.

Manichéisme : Conception philosophique attribuant la direction du monde à deux principes divins antagonistes, celui du bien et celui du mal.

Métaphysique : Recherche rationnelle ayant pour objet la connaissance de l'être absolu, les problèmes de l'existence de Dieu, de l'âme, du bien, etc. Le mot prend souvent un sens péjoratif chez les philosophes du XVIIIe siècle, désignant alors une conception gratuite de l'imagination ne s'appuyant sur aucun fait d'expérience.

Optimisme leibnizien : Dans sa *Théodicée* (1710), le philosophe allemand Leibniz cherche à innocenter Dieu de l'existence du mal. Il soutient que le monde actuel est le plus heureux et le meilleur parmi une infinité de mondes possibles. Optimisme radical car selon lui, le mal n'est qu'apparence et vue relative ou inadéquate.

Raison suffisante : Pour Leibniz, « jamais rien n'arrive sans qu'il y ait une cause ou du moins une raison déterminante », c'est-à-dire expliquant « a priori pourquoi cela est ainsi plutôt que de telle autre façon ». Tout est donc conçu comme une chaîne logique de causes et d'effets.

Utopie : Nom donné par le philosophe et ministre anglais Thomas More au pays imaginaire qu'il décrit dans son ouvrage publié en 1516 et où il place un peuple sage et heureux grâce au gouvernement idéal dont il jouit. Par extension le terme désigne toute description concrète et précise d'une société humaine jouissant — c'est le cas de l'Eldorado — d'institutions idéales.

Vestphalie : En réalité Westphalie. Très ancienne province prussienne (capitale Münster) dont Voltaire souligne la désolation et la pauvreté. Il fait ainsi ressortir le ridicule des prétentions du baron de Thunder-ten-Tronckh (évoquant Frédéric II auquel l'écrivain humilié portait alors une rancœur extrême).

Annotations

p. 3
les Jésuites – *voir Lexique p. 109*
un libertin, une libertine – un esprit libre, libre penseur
aisé – riche
un déclin – Niedergang
allier – unir
la malice – Boshaftigkeit
dépravé,e – corrompu
une apologie – défense, justification
le déisme – *voir Lexique p. 109*
une mésaventure – événement désagréable
récidiver – refaire la même chose
la suspicion – méfiance
bâtonner qn – battre qn avec un baton

p. 4
une lettre de cachet – ordre royal de mettre qn en prison
les funérailles *f* – enterrement
consacré,e – geweiht, gekrönt
une préoccupation – *ici:* idée
une voirie – endroit où on dépose les ordures
passer dans la clandestinité des colporteurs – nur heimlich von Hausierern verbreitet werden können
s'adonner à qc – faire qc avec passion
la dérision – moquerie méprisante
le rigorisme – sévérité
épistolaire – par lettres
suspect,e – verdächtig

p. 5
un gentilhomme – noble
les fastes *m* – les plus grands événements
une dédicace – Widmung
disgracier qn – retirer la faveur à qn
distraire qn – amuser qn

une infidélité – le fait de prendre un autre amant
céder à qc – ne plus résister à qc
les instances *f* – les demandes
un chambellan – Kammerherr
le despotisme éclairé – aufgeklärter Absolutismus
croissant,e – qui s'agrandit
une ébauche – un premier plan
lacérer – déchirer
fragile – facile à détruire
séquestrer qn – enfermer qn
malin, maligne – rusé
se mettre à l'abri – chercher un endroit où l'on est en sûreté
monter un théatre – créer un théâtre

p. 6
incohérent,e – qui manque de logique
une profession de foi – Glaubensbekenntnis
un sottisier – une collection de sottises
susciter qc – procoquer qc
expulser qn – chasser qn
une propriété – Besitz
à cheval sur – des deux côtés de
une révocation – Aufhebung
prendre parti sur qc – se mêler de qc
défricher qc – etwas urbar machen, roden
une lande – Heide
assécher qc – rendre qc sec
un marais – terrain très humide
une charrue à semoirs – Pflug, kombininiert mit Sämaschine
la soie – Seide
une tannerie – Gerberei
un mot d'ordre – Losung, Wahlspruch
infâme – ce qui est ignoble et honteux [= la superstition, l'intolérance]
un meurtre – action de tuer qn volontairement
exécuter qn – tuer qn après l'avoir jugé
une iniquité – injustice
embastiller qn – emprisonner qn à la Bastille

p. 7

de vaste audiance – pour un grand public
s'effriter – zerbröckeln
appuyer qc – soutenir qc
une fringale de Paris – envie de voir Paris
une succession – une suite
ultime – dernier
l'apostolat débouchant sur l'apothéose – etwa: seine Sendung erlebte ihren absoluten Höhepunkt

p. 8

une errance – Irrweg
dû,e qc – causé par
une initiation – introduction
une guerre de succession – Erbfolgekrieg

p. 9

une saisie – le fait de retirer un livre du commerce
un désastre – catastrophe

p. 10

une diatribe – critique violente
une inhumation – Beisetzung

p. 11

un obsurantisme – feindliche Haltung gegenüber jeglicher Art von Aufklärung und Bildung
relater qc – parler de qc
la candeur – naïveté
maîtriser – *ici:* savoir se servir
un arsenal – dépôt d'armes, *ici:* moyen
un procédé – méthode
aborder qc – *ici:* discuter qc
édifié,e – *ici:* fortement influencé par
inspiré,e par – marqué par
découler – resulter
une synthèse – une vue d'ensemble
originel,le – nouveau
lier à qc – être en rapports étroits avec qc
discontinu,e – sans continuité

p. 12

un genre – Gattung
un cadre – Rahmen
s'attacher à f. qc – faire des efforts pour f. qc
une épitre – *genre littéraire:* lettre en vers
les déboires *m* – événements fâcheux
subir – être la victime de qc
une confidence – une communication personnelle et intime
refléter qc – renvoyer l'image de qc
se dévoiler – se faire connaître, se révéler
un témoin – Zeuge
se traduire par qc – se manifester par qc
une conviction – certitude
démontrer qc – prouver qc
relever de qc – être du domaine de qc
insister sur qc – souligner qc
un ravage – un dommage

p. 13

une adoration – Anbetung
l'Etre suprême – das höchste Wesen
au pied levé – sans grande préparation
une fusée – projectil
perpétuelle alerte – toujours prêt à (ré)agir
un déguisement – masque
avisé,e – qui réfléchit
un libelle – *genre littéraire:* courte satire
une relation – un récit
une facétie – *genre littéraire:* Posse
supposé,e – fictif
un mémoire – Memorandum
un sermon – discours prononcé à l'église par un prêtre
un témoignage – Zeugnis
un,une destinataire – personne à laquelle est adressée une lettre
les propos *m* – paroles, phrases

p. 15

un précepteur – maître, professeur
il tient de lui – il a appris de lui
la transgression – le fait de ne pas obéir
un interdit – tabou

une répression – punition
répondre – correspondre
enrolé,e – engagé dans l'armée
mendier – tendre la main pour demander de l'argent p.ex.
défiguré,e – enlaidi
la vérole – Syphilis
dans les griffes de – entre les mains de
l'Inquisition – *voir Lexique p. 109*
une atrocité – cruauté
une dulcinée – bien-aimée
un anthropophage – mangeur d'hommes
un cauchemar – mauvais rêve
l'emporter sur – être plus fort que
manichéen,ne – *voir Lexique p. 109*
acariâtre – d'un caractère désagréable
rallier – rassembler
susceptible de – capable de

p. 16
un périple – grand voyage (par mer)

p. 17
un métis – Mestize
un matelot – marin
un moine – homme d'église retiré du monde
un protagoniste – héros
une bâtardise – le fait d'être un enfant illégitime
approximativement – à peu près
crédule – qui croit tout ce qu'il entend
un,e ingénu,e – innocent,e et naïf, ve
un moine théatin – Theatinermönch
contre son gré – contre sa volonté
ecclésiastique – de l'église
une hérésie – opinion condamnée par l'église catholique
les faveurs *f* – amour
très introduit – qui est reçu très souvent

p. 18
un anabaptiste – membre d'une secte protestante
un négociant – commerçant
recueillir qn – offrir chez soi un refuge à qn

aux abords de – dans les environs de
communiquer – *ici:* donner une maladie
béat,e – *ici:* simpliste
impénitent,e – incorrigible
une prétention – ambition trop grande
un frère de lait de qn – fils de la nourrice de qn
une entremetteuse – Kupplerin

p. 21
un enfant naturel – illégitime
imbu,e de qc – pénétré de , imprégné de qc
à force de répéter – en répétant beaucoup de fois

p. 22
au fil de – au cours de
les ascendants *m* – Vorfahren
une aspiration – ambition
tirer vanité de qc – baser son orgueil sur qc
un artifice – *hier:* Trick
une flagornerie – servilité
pédant,e – angeberisch
vaniteux,se – peu modeste
obséquieux, se – servile
les ratiocinations *f* [ʀasjɔsinasjɔ̃] – raisonnements peu logiques et interminables
la déférence – grande obéissance

p. 23
muet,te – incapable de s'exprimer
une irruption – une apparition
une accumulation – Häufung
une juxtaposition – Reihung
une quête – une recherche
clos,e – *participe du verbe* clore (= fermer, terminer)
une aliénation – Entfremdung
impliquer – entraîner comme conséquence
une lignée – famille
un faux-semblant – artifice
pérorer – faire de longs discours prétentieux
à l'envi – eifrig
discréditer qc – rendre qc incrédible

garantir – conserver
falot,e – d'un caractère peu remarquable

p. 24
se dégager de qc – résulter de qc
rigide – sévère
figé,e – *ici:* qui n'évolue pas
un cabaret – restaurant modeste
un sergent recruteur – sous-officier chargé de chercher de nouveaux soldats pour l'armée
combler qn de qc – jdn mit etwas überhäufen
les civilités *f* – compliments, politesses
la proie – *ici:* victime
enivrer qn – lui donner à boire trop d'alcool
astreint,e à qc – condamné à qc
agrémenté,e de qc – enrichi de qc
un châtiment – punition
étourdi,e – sans réfléchir
un libre arbitre – freier Wille
un cachot – prison

p. 25
rétabli,e – guéri
pécher – sündigen
une chute – (Sünden-)Fall
l'inadaptation *f* – Unangepaßtheit
la docilité – obéissance
nourrir amplement – *ici:* augmenter beaucoup
alerte – vivant
au gré de – selon
une conjonction de coordination – nebenordnende Konjunktion
une indépendante – (phrase) principale
un piège – petit appareil pour attraper un rat p.ex.

p. 26
l'épuisement *m* – fatigue
un quiproquo – malentendu
une narration – Erzählung
une qualification – nom, mot
un décalage – différence
dans l'engrenage de qc – impliqué dans

désinvolte – insouciant, indifférent
détaché,e – avec froideur
aboutir à qc – se terminer par qc
un carnage – tuerie sauvage
dénoncer qc – démasquer qc
une caution – couvert moral
une hypocrisie – Heuchelei
embaucher qn – lui donner du travail

p. 27

un gueux – mendiant
le délabrement – Zerfall
une allégresse – joie
enjoué,e – joyeux
laudatif, ve – positif, admiratif
un intensitif – verstärkendes Adverb
éclatant,e – schmetternd
feindre – faire semblant
une antienne – Leitmotiv
prétendu,e – feint
indistinctement – sans faire de différence

p. 28

recenser – faire le compte
dévastateur,trice – qui cause d'énormes dégâts
la raison suffisante – *voir Lexique p. 110*
un recours – Rückgriff
tendre – *ici:* contribuer
incidemment – nebenbei
une boutade – plaisanterie
d'allure proverbiale – qui ressemble à un proverbe
une poltronnerie – lâcheté
une connotation – sens affectif d'un mot
un saccageur – dévastateur

p. 29

les agissements *m* – Machenschaften
la complaisance – serviabilité
exterminer, égorger qn – tuer qn
pour comble de grâce – als höchste Gnade
de fond en comble – complètement

à quatre parties – à quatre voix
farci,e de – plein de
un barbarisme – grosse faute de langue
égratigner – endommager légèrement
abominable – horrible
infliger qc à qn – subir qc à qn
sobre – simple, sans ornements

p. 30
adjoindre – ajouter
un mirage – une illusion séduisante
clignoter – *ici:* briller, scintiller
prospère – florissant
exaspéré,e – irrité
un arsenal – *ici:* grande quantité
un fripon – vaurien
sévir – faire rage
éventrer qn – tuer qn en lui ouvrant le ventre
anéantir – détruire
borgne – qui n'a qu'un œil
bouffonnement – d'une drôle de façon

p. 31
un ingrédiant – un élément
un comptable – personne responsable des comptes
l'extension *f* – progression
accablé,e – touché
contaminer qn – lui passer la maladie
un fléau [fleo] – catastrophe universelle
la désolation – misère
l'oscillation *f* [ɔsilɑsjɔ̃] – Hin- und Herschwanken
porter qc à son comble – etwas auf die Spitze treiben
péremptoire – qui ne tolère aucune discussion
s'enquérir de qc – s'informer de qc

p. 32
iconoclaste – qui met en question une vérité établie
une souche – origine
recourir à qc – utiliser qc
éperdument – comme un fou
une raillerie – moquerie

une démystification – Aufklärung
fondre – s'abattre
au large de Lisbonne – en haute mer devant Lisbonne
engloutir qc – etwas verschlingen

p. 33

périr – mourir
faire face à qc – lutter contre qc
la finalité – Endzweck
réitérer – répéter
le péché originel – Erbsünde
des propos subversifs – discours susceptibles à renverser l'ordre établi
un raz-de-marée – grosse vague
un incendie – feu
une fourmi – petit insecte noir ou rouge très actif qui vit en société dans une fourmilière
une imposture – tromperie
providentialiste – qui croit à la Providence (= göttliche Vorsehung)

p. 34

une formule-scie – une formule sans cesse répétée
supposer – impliquer
résider dans qc – beruhen auf etwas
abondamment – beaucoup
une adjonction – un mot qu'on adjoint, ajoute
un tenant de qc – un défenseur de qc
implorer qc – demander qc avec insistance
une obstination – entêtement

p. 35

un imprévu – événement que l'on ne peut pas prévoir
empreint,e de marqué par
pictural – pittoresque
prévenir qc – einer Sache vorbeugen
un autodafé – cérémonie au cours de laquelle les hérétiques condamnés par l'Inquisition devaient faire acte de foi
une commère – la marraine, la femme qui tient l'enfant pendant le baptême
flageller qn – battre avec un fouet

prêché – après avoir subi un sermon
absoudre qn – donner l'absolution à qn

p. 36
hétérodoxe – *contraire de:* orthodoxe
d'office – von Amts wegen
faire pénitence – regretter profondément une faute
un blasphème – une insulte à la religion
une casaque – large manteau
la culpabilité – le fait d'être coupable
une remise – Erlaß
un relaps – personne qui est retombée dans l'hérésie
un repentant – personne qui fait pénitence
la clémence – grâce
la superstition – Aberglaube
discrétionnaire – sans limites

p. 37
revêtir – *ici:* prendre
s'attarder à décrire – décrire dans le détail
faire l'économie de qc – supprimer qc, laisser qc de côté
une péripétie – événement, épisode
affecter – feindre, faire semblant
une antiphrase – *figure de style:* l'emploi d'un mot dans un sens contraire à celui qui lui est naturel
une énonciation – Aussage
un chiasme – *figure de style:* Überkreuzstellung
endiguer qc – *ici:* arrêter qc
grinçant,e – amer
une hyperbole – *figure de style:* exagération
invoquer qn – demander de l'aide à qn

p. 38
mettre qc en cause – mettre qc en question
le burlesque – comique grotesque
un travestissement – *ici:* déformation
se figer – erstarren
acharné,e – très dur
omniprésent,e – présent partout et toujours
un cataclysme – désastre
engendrer – causer, créer

une masure – petite habitation misérable
un onguent [ɔ̃gɑ̃] – médicament qu'on met sur la peau
dérobé,e – caché
s'évanouir – perdre connaissance
un torrent – *ici:* des flots énormes

p. 39

libertin,e – locker, freizügig
l'arbitraire *m* – *ici:* caprice
à foison – en grande quantité
un avatar – *ici:* forme
constellé,e – couvert
balbutier – articuler les mots d'une façon imparfaite

p. 40

saugrenu,e – bizarre
poignarder qn – blesser qn avec un poignard, un couteau
se dégoûter de qn – se détourner de qn, en avoir assez
avoir la jouissance de qn – avoir le droit de disposer de qn
intercaler qc – mettre une chose entre deux autres
dans le droit fil – dans le même sens
le dédain – mépris
être frotté de qc – en avoir une idée superficielle

p. 41

le roman sensible – empfindsamer Roman
une ardeur – feu
confiner à qc – être proche de qc
la frénésie – violence
répugnant,e – dégoûtant, sordide
une déchéance – déclin, dégradation
apprivoiser qn – dresser qn
enlisé,e – versunken, versackt

p. 42

compatir – Anteil nehmen
s'affermir – devenir plus solide
protester de sa vertu – affirmer que l'on est vertueux
une intrigue – action
les transports *m* – passion
une intrusion – Einmischung

p. 43
une épée – Degen
transpercer de part en part – durchbohren
en usage – que l'on utilise d'habitude
une ingéniosité – créativité
un péril – danger
la captivité en Babylone – babylonische Gefangenschaft
ennoblir sa motivation – prêter des motifs plus nobles à son action

p. 44
d'une traite – sans s'arrêter
la Sainte Hermandad – une sorte de police régionale
roide mort,e – mort soudainement
lancer un clin d'œil – zublinzeln
un cordelier – moine de l'ordre de Saint François
être à court de qc – manquer de qc
mettre à la raison – zur Vernunft bringen
embarquer – monter dans un bateau
piqué,e – motivé, excité par

p. 45
une transition – Übergang
déplorer qc – se plaindre de qc
l'inefficacité *f – de l'adjectif:* inefficace = qui ne produit pas d'effet
effarouché,e – troublé, choqué
une pesée – Abwägen
une restriction – Einschränkung

p. 46
un valet – serviteur
la luxure – volupté sexuelle
un «picaro» – Schelm (roman picaresque = Schelmenroman)
révérend – ehrwürdig
un moine quêteur – un moine qui assure sa vie en mendiant
un recrutement – engagement dans l'armée
obsédant,e – qui revient toujours comme une idée fixe
conclure un marché – réaliser un commerce
une sanction – punition

p. 47
une écurie – bâtiment où logent les cheveaux
un empoisonnement – le fait de tuer qn par un poison (= Gift)

barbaresque – originaire de l'Afrique du Nord
débarquer – *contraire de*: embarquer
à l'issue de – à la fin de
un dey – haut fonctionnaire turc
échoir à qn – devenir la propriété de qn
un janissaire – soldat d'élite turc
un assiégeant – Belagerer
un iman – prêtre turc

p. 48
un assaut – attaque
rouer qn de coups – battre qn violemment
l'opprobre *m* – honte
une gageure [gɑ̃ʒœʀ] – pari
maudire qc – manifester sa colère contre qn
le dénuement – misère

p. 49
un dénouement – Lösung eines Handlungsknotens
un prétexte – Vorwand
accéder à qc – entrer dans qc
de maîtrise – virtuose
l'étendue *f* d'une voix – son registre
mû, mue *(part. passé de* mouvoir) – animé
une faillite – banqueroute
pourvoir à qc – faire le nécessaire pour qc
un vaisseau – grand bateau

p. 50
ordinaire – normal, courant
déroger à une loi – gegen ein Gesetz verstoßen
une ressource – moyen
côtoyer qc – être près de qc
une dégradation – Abwertung
gommer –effacer
un véhicule – moyen de transport
une distanciation – Distanzierung

p. 51
inculquer qc à qn – lui graver qc dans l'esprit
suggérer qc à qn – lui conseiller qc
un alcade – juge

un réceleur – Hehler
éprouvé,e – ausprobiert

p. 52
inexorable – qui ne connaît pas de pitié
gâcher qc – détruire qc
une surenchère – exagération
se bousculer – se suivre de très près
ramener à qc – réduire à qc
une mise à l'écart – éloignement
un temps mort – pause
un patronyme – nom de famille
la morgue – arrogance
servir de révélateur – avoir une fonction révélatrice = qui dénonce qc
s'accommoder de qc – accepter qc

p. 53
une prise de conscience – *ici:* découverte
changer de camp – ins andere Lager überwechseln
essuyer – *ici:* subir
entamer qc – commencer qc

p. 54
une accélération – le fait de devenir plus rapide
une palabre – discussion interminable et souvent inutile
s'avérer – se révéler, apparaître
ségrégativ – *adj. de:* ségrégation *f* = isolement
la lucidité – clairvoyance
la misogynie – mépris des femmes
un antécédant – *ici:* prédécesseur
un stratagème – ruse
un expédient – Trick

p. 55
exempt se – sans
théocratique – *adj. de:* théocratie *f* = gouvernement exercé par les prêtres
la bonne chère – bonne cuisine
une enflure grandiloquente – bombastische Geschwollenheit
une sensiblerie – sensibilité devenue mode
la pertinence – justesse

p. 56

une effusion – manifestation sentimentale
une incise – phrase intercalée
ternaire – qui se compose de trois parties
le style direct – wörtliche Rede
une interjection – Ausruf
une apostrophe – Anrede
une anaphore – Anapher
exubérant,e – überschwenglich
un tressaillement – petit mouvement à peine perceptible
une paupière – peau qui s'ouvre et se referme sur l'œil
un sous-diacre – rang dans l'Eglise catholique
une levée – recrutement
se gâter – tourner mal
objecter à qn – répondre à qn
impudent,e – schamlos
un coquin – fripon, bandit
jusqu'à la garde – bis zum Heft
donner le change à qn – tromper qn

p. 57

un travestissement – changement de vêtements
un poncif – cliché
ménager qc – arranger qc

p. 58

les bonnes grâces – amour
un indigène – personne qui est née dans le pays en question
une broche – Bratspieß
une harangue – discours
superbe d'allant – vor Unternehmungslust sprühend
endiablé,e – éperdu, fou
à contretemps – au mauvais moment
de condition – noble

p. 59

une exposition à qc – le fait de se trouver en face de qc
un canon – norme, règle
l'éloquence *f* – facilité à bien parler
sanguinaire – cruel
une parution – moment où un livre est publié

ressusciter – wiederauferstehen
ressasser – répéter éternellement
par l'entremise de – grâce à

p. 60
une contrée – région
éblouir – blenden
la profusion – quantité énorme
joncher qc – couvrir qc
interpeller qn – *ici:* attirer l'intérêt de qn
fondre – *ici:* transformer
bordé,e de – entouré de

p. 61
une affirmation – Behauptung
un interrogation – question
le bien-fondé – le fait d'être justifié
nourrir de qc – *ici:* renforcer qc
stupéfait,e – très surpris
faire cas de qc – accorder de l'importance à qc

p. 62
servir de repoussoir – als Kontrast dienen, um Vorzüge zur Geltung zu bringen
exquis,e – raffiné
un berceau – petit lit pour bébés, *ici:* pays d'origine
redouter qc – craindre qc
déiste – *voir Lexique p. 109*
contestataire – qui met en question, qui se révolte
une escouade – troupe

p. 63
la transe – un état d'extase
un arisanat – Handwerk(sstand)
convivial,e – communautaire
un troc – système économique qui repose sur l'échange direct sans monnaie
étatisé,e – administré par l'Etat
les physiocrates – partisans d'une théorie économique fondée sur les lois naturelles
conforter qn dans qc – affermir qn dans qc
faire vœu – Gelübde ablegen

une enceinte – espace entouré d'un mur de protection p.ex.
se greffer sur qc – *ici:* s'ajouter à qc

p. 64
une spécificité – particularité
le polythéisme – doctrine qui admet l'existence de plusieurs dieux
la contestation – mise en cause
un confesseur – Beichtvater
inaccessible – que l'on ne peut pas surmonter
un magistrat – juge
se substituer à qn – se mettre à la place de qn
un agrément – ce qui rend agréable
se parer de qc – se décorer avec qc
se rétrécir – diminuer
inerte – sans activité
entrevoir – voir indistinctement
conférer qc à qn – donner qc à qn

p. 65
un précipice – abîme
manchot,e – qui n'a qu'un bras
effondré,e – très abattu
éconduire qn – repousser qn
renier qn – désavouer qn
un socinien – *voir p. 67*
désennuyer qn – distraire qn

p. 66
un réquisitoire – accusation
foncièrement – profondément
trahir – *ici:* tromper
mettre un terme à qc – terminer qc
balayer qc – rejeter qc

p. 67
âpre au gain – avide
la collusion – complicité
édifiant,e – erbaulich
nanti,e de qc – pourvu de qc
dérober qc – voler qc
le manichéisme – *voir Lexique p. 109*

les ténèbres *f* – obscurité
la primauté – supériorité, prééminence

p. 68
un fait divers – un incident
ignoble – infâme, odieux
prendre la relève de qn – remplacer qn
se rattacher à qc – être lié avec qc
en imposer à qn – impressionner qn
être tenté,e par qc – être séduit par qc
opulent,e – riche

p. 69
un ascendant sur qn – fascination exercée sur qn
un échange – communication
tenir de qc – ressembler à qc
une adversité – malheur
renaître à qc – retrouver qc

p. 70
la canaille – Gesindel
convulsionnaire – qui fait des convulsions (= Zuckungen), *voir plus bas*
restreint,e – limité
une coquille – Muschel
une conception fixiste – doctrine qui prétend que la terre ne se transforme pas
une pétrification – Versteinerung

p. 71
un épervier – Sperber
brouter qc – manger de l'herbe
un ramas – une accumulation
les dispositions *f* – *ici:* orientation
un vice – Laster
fourbe – hypocrite
perfide – infidèle
ingrat,e – qui ne montre pas de reconnaissance envers son bienfaiteur
désabusé,e – désillusionné, frustré
il est revenu de tout – tout lui est égal
confisquer qc – prendre, saisir qc
une velléité – envie

tout,e fait,e – tout prêt
une enquête – recherche

p. 72
se dérouter – s'écarter de la route
une saignée – Aderlaß
un billet de confession – *voir p. 73*
périgourdin,e – originaire du Périgord, région de France
un serpent – Schlange
un tripot – maison de jeu
succomber à qc – se laisser séduire par qc
extorquer qc à qn – *ici:* obtenir qc de qn par la ruse
une prévenance – politesse, gentillesse
un régicide – assassinat d'un roi
un enfer – Hölle
l'amertume *f* – Bitternis

p. 73
s'en donner à cœur joie – s'amuser beaucoup
une tricherie – tromperie
pulluler – exister en grand nombre
vénal,e – qui se laisse acheter
se heurter à qc – entrer en conflict avec
la fange – Schmutz, Schlamm
le venin – le poison
une allusion – Anspielung
un folliculaire – canaille écrivante (néologisme voltairien)
un parricide – assassinat d'un père

p. 74
une suppression – élimination
un chaînon – Glied einer Kette
une déduction – une conclusion
la médisance – diffamation
inciter qn – stimuler qn
la tendresse – Zärtlichkeit
preux – courageux
remanier qc – modifier qc
les idées innées – eingeborene Ideen
un échec – un mauvais succès
affecter qn – toucher qn péniblement

p. 75
renchérir – aller encore plus loin
un escroc – Betrüger
ébranler qc – mettre qc en question
une sépulture – tombeau, enterrement
une malédiction – Fluch
un ours – Bär

p. 76
un arpent – Morgen
horrifié,e – scandalisé
bafouer – verhöhnen
effectuer qc – faire qc
rapprocher de – lié avec
déconcertant,e – bizarre

p. 77
une frange – Streifen
atrabilaire – de mauvaise humeur
une victime expiatoire – personne rendue responsable de toutes les fautes
une exaction – abus de pouvoir, acte de violence
disperser qc – etwas verstreuen
un préservatif – une protection

p. 78
sans vocation – ohne sich dazu berufen zu fühlen
incriminer qc – accuser qc
abuser de qc – etwas mißbrauchen
la méconnaissance – ignorance

p. 79
caresser qn – jn liebkosen
être rançonné,e par – subir les chantages de
un fumier – Misthaufen
la dépouille mortelle – cadavre
la portée – importance
embrasser qc – *ici:* choisir qc
s'en remettre à qn – faire confiance à qc

p. 80
médiocre – négligeable
s'émerveiller de qc – s'etonner de qc

prendre qn à contre-pied – adopter une opinion contraire à celle de qn
à l'emporte-pièce – très critique
une idée reçue – idée traditionnelle, un cliché
battre en brèche qc – attaquer le crédit de qc
une tirade – longue suite de phrases
une similitude – ressemblance
s'insérer dans – s'intégrer dans
un échafaudage – construction

p. 81
tonique – stimulant
une approbation – consentement
candide – naïf
occasionner qc – causer, provoquer qc
une concordance – le fait d'être d'accord
ne pas déparer de qc – convenir bien à qc
un esprit de parti – partialité
ciseler qc – feilen an etwas
proscrire qc – condamner qc
une outrance – excès

p. 82
entendu,e – *ici:* conçu, dessiné
un augure – prophète, gourou
user de qc – *ici:* goûter de qc
un piment – qc de piquant
tout se vaut – tout est d'égale valeur
sans prise sur qc – ohne etwas beeinflussen zu können

p. 83
décliner qc – *ici:* indiquer qc
une altesse sérénissime – Durchlaucht
égarer qn – tromper qn

p. 84
scandé,e par – rythmé par
stéréotypé,e – genormt
accuser qc – accentuer, souligner qc
un enchaînement – Verkettung
déchu,e – détrôné
s'étourdir – se distraire pour oublier qc

se confondre avec qn – se mêler avec qn
guetter qc – menacer qc
une vicissitude – changement

p. 85

transposer – umsetzen
un présage – ce qui annonce un événement à venir
épiloguer sur qc – faire des discours sur qc
soupassent – *subj. de l'imparfait du verbe* souper
ouï – entendu
un prodige – merveille
une souillon – personne malpropre
persister à f. qc – continuer a f. qc
affréter qc – prendre qc en location
un usurier – personne qui prête de l'argent en prenant des intérêts excessifs

p. 86

ravaler – tomber
sordide – sale
détenir qc – posséder, avoir qc
intérioriser qc – etwas verinnerlichen
une précipitation – Überstürzung
un forçat – criminel condamné aux galères
une rame – Ruder
fendre – traverser
une trame – structure
la chiourme – ensemble de rameurs d'une galère

p. 87

mettre qc en œuvre – utiliser qc
éluder qc – éviter qc
un miraculé – personne guérie par miracle
une disconvenance – disproportion
hautain,e – arrogant
récurer – nettoyer
usurper qc – sich etwas anmaßen
un séquin – Zechine

p. 88

un aumônier – ecclésiastique
trempé,e – très humide

se resserrrer sur qc – sich um etwas zuziehen
imperturbable – indifferént
transi,e – refroidi
voguer – naviguer
scabreux, se – ce qui choque les bonnes mœures
une polissonnerie – comportement licencieux
une profanation – dégradation
au regard de – en ce qui concerne

p. 89

disséquer qn – jdn. sezieren
un fil – lien
un paroxysme – point culminant
se dédire – se contredire
la fixité – immobilité
une aberration – folie
forger qc – *ici:* inventer qc
une cocasserie – comique bizarre
une pendaison – Hängen
la resurrection – retour de la mort ǎ la vie
une incision – dissection
volubile – bavard
une logomachie – raisonnements absurdes

p. 90

une métairie – domaine agricole, ferme
sardonique –d'un comique amer
écaillé,e – schuppig
s'altérer – se transformer
présider à qc – être de première importance pour qc
une défaite – *contr. de* victoire
un dû – une dette
aigri,e – irritable, agressif

p. 91

maint,e – beaucoup de
une bassesse – comportement contraire à l'honneur
le Saint-Empire romain germanique – Heiliges Römisches Reich Deutscher Nation
incurable – inguérissable
dès lors que – depuis le moment où

dès lors – par conséquent
la suprématie – domination
une abolition – suppression

p. 93

un accomplissement – *ici:* réalisation
prohibé,e – interdit
un leurre – illusion
reléguer – placer, mettre
rivaliser de ‹mauvaise humeur› – darum wetteifern, wer die schlechteste Laune hat
se nourrir de qc – être alimenté par qc
une épuration – Säuberung
empaillé,e – rempli de paille (= Stroh)

p. 94

jouer le rôle d'un catalyseur – produire une réaction
dans les convulsions de – dans les griffes de
la léthargie – *ici:* indifférence
une antinomie – contradiction
une bouée de secours – Rettungsboje
relayé,e de – remplacé par
une fin de non-recevoir – refus
insoluble – que l'on ne peut pas résoudre

p. 95

un apologue – petite fable
une inanité – inutilité
un figuier – Feigenbaum
la diarrhée verbale – Mauldurchfall
entasser – cumuler
l'harmonie préétablie – dt.: prästabilierte Harmonie
lugubre – triste
une platitude – banalité
une essence – Wesen(heit)
sans appel – définitif
étrangler qn – tuer qn en lui serrant la gorge

p. 96

fourmiller – pulluler
un mets – plat

dégager – libérer
prendre qc à bras-le-corps – etwas anpacken
novateur, trice – qui représente qc de nouveau
une mécanique – machine
gratuitement – dans motif
un cédrat confit – Zitronat
un a priori méthaphysique – nicht auf Erfahrung beruhende Einsicht

P. 97
rapporter – produire
une pâtissière – personne qui sait faire des gâteaux p. ex.
un menuisier – personne qui sait travailler le bois
fréquenter qn – avoir des relations avec qn
un dégagement – *ici:* libération
un désengagement – refus de s'engager
déshérité,e – pauvre
exalter qc – célébrer qc, louer qc
un lopin de terre – petit champ
clore – marquer la fin

p. 99
un récepteur – Empfänger
une émotivité – sensibilité
la consistance – Dichte
trouble – flou

p. 100
amortir – adoucir
un sourcil [suʀsi] – Augenbraue
un cyclothymique – Person, deren Psyche von extremen Stimmungsschwankungen gekennzeichnet ist
une vigne – *ici:* vignoble
irrécupérable – que l'on ne peut pas intégrer dans und groupe
un zélateur – défenseur
démordre de qc – renoncer à qc
intarissable – unerschöpflich
fustiger qn – critiquer, blâmer qn
se prémunir – se protéger
emmuré,e – enfermé
la perspicacité – finesse d'esprit
la détection – découverte

p. 101
puiser qc – prendre qc
un échantillonnage – une collection de scènes
une chimère – illusion
avilissant,e – dégradant
divertir – amuser, distraire
incongru,e – peu convenable
en porte à faux – peu équilibré
un impact – influence

p. 102
une tension – Spannung
être en mesure de f. qc – être capable de f. qc
rigoureusement – d'une façon précise
l'effacement – Zurücktreten
escompter qc – *ici:* attendre qc
brouiller une piste – Spur verwischen

p. 103
l'adoption *f* – choix
évincer qn – éloigner qn, éliminer qn
la véracité – l'authenticité
inverser qc – vertauschen
transférer qc à qn – donner qc à qn
à dessein – avec intention, exprès
en abîme – en enfer
une focalisation – Perspektive
omniscient,e – qui sait tout
les ébats *m* – jeux
un paravent – Wandschirm

p. 104
bercer qn – tromper qn
dépasser qn – être incontrôlable pour qn
débridé,e – entièrement libre
imbriqué,e dans qc – lié avec qc
l'imaginaire – domaine de l'imagination
enchanté,e – verzaubert

p. 105
une évidence – certitude
une ambiguïté – ambivalence

une épaisseur – consistence
atemporel,le – placé hors du temps
gauchir qc – déformer qc
déplacer qc – *ici:* faire changer
le sectarisme – intolérance
une religion révélée – Offenbarungsreligion
un prosélyte – partisan

p. 106
déceler qc – révéler qc
cinglant,e – d'une critique mordante

p. 107
un prolongement – conséquence
la détermination – Entschlossenheit

p. 109
déférer qn à la juridiction – jn vor Gericht bringen
le ministère de qn – charge auprès de qn

p. 110
innocenter qn – déclarer qn non coupable
inadéquat,e – unangemessen

Noms Propres

d'Alembert... Jean Le Rond d'Alembert (1717–1783) Philosophe, écrivain, mathématicien, un des auteurs de l'Encyclopédie
d'Argenson... Marc-Pierre comte d'Argenson (1669–1764) Homme politique
d'Argenson... René-Louis marquis d'Argenson (1694–1757) Homme politique et frère du comte
d'Argental... Charles Augustin de Ferriol duc d'Argental (1700–1785) Diplomate français et admirateur de Voltaire
Bayle [bɛl]... Pierre (1647–1706) Critique et philosophe
Bernis... François Joachim de Pierre de Bernis (1715–1794) Prélat et homme politique
Brosses... Charles de Brosses (1709–1777) Magistrat et homme de lettres
Buffon... Georges Louis Leclerc comte de Buffon (1707–1788) Naturaliste et écrivain
Byng... John (1704–1757) Amiral britannique
Catherine II... (1729–1796) Impératrice de Russie
Caylus... Anne Claude Philippe de Turbières comte de Caylus (1692–1765) Archéologue, graveur et écrivain
Cazotte... Jacques (1719–1792) Ecrivain
Choiseul... Etienne François duc de Choiseul (1719–1785) Homme politique
Cicéron... Marcus Tullius Cicero (106–43) Homme politique et orateur latin
Clarisse Harlow... Personnage principal du roman ‹Clarissa or the History of a Young Lady› de Samuel Richardson
Condorcet... Marie Jean Antoine Nicolas de Caritat marquis de Condorcet (1743–1794) Philosophe, mathématicien et homme politique
Crébillon... Claude (1707–1777) Ecrivain
Damiens... Robert François (1715–1757) Domestique. Condamné à mort pour son attentat contre Louis XV
Damilaville... Etienne, ami de Voltaire

Madame du Deffand ... Marie marquise du Deffand (1697–1780) Connue pour son salon célèbre
les Délices ... *dt.:* die Wonnen. Nom de la maison de campagne que Voltaire s'est achetée à Genève
Descartes ... René (1596–1650) Philosophe
Diderot ... Denis (1713–1784) Ecrivain et philosophe, un des auteurs de l'Encyclopédie
Duclos ... Charles Pinot (1704–1772) Romancier
l'Electeur Palatin ... Karl Theodor Kurfürst von der Pfalz
Emile ... héros du roman pédagogique ‹Emile ou l'éducation› (1762) de Jean-Jacques Rousseau
Engels ... Friedrich (1820–1895) Théoricien socialiste et homme politique
Madame d'Epinay ... Louise Tardieu d'Esclavelles dame de la Live d'Epinay (1726–1783) Femme de lettres
Figaro ... personnage principal de la pièce ‹Le Barbier de Séville› (1775) de Pierre Augustin Caron de Beaumarchais
Frédéric II ... (1712–1786) Roi de Prusse
Fréron ... Elie (1718–1776) Critique
Gil Blas ... Héros du roman picaresque ‹Histoire de Gil Blas de Santillane› (1715/35) de Alain René Lesage
Des Grieux ... héros du roman ‹La Véritable Histoire du chevalier Des Grieux› et de ‹Manon Lescaut› (1731) de L'abbé Antoine François Prévost d'Exiles, dit l'abbé Prévost
Grotius ... Hugo de Groot (1583–1645) Juriste et diplomate hollandais.
la guerre des farines ... agitation populaire en mai 1775 contre la liberté du commerce des grains, loi promulguée (= publiée) par Turgot
Gueullette ... Thomas (1683–1766) Ecrivain
Helvétius ... Claude Adrien (1715–1771) Philosophe
Homère ... Poète grec, l'auteur de l'‹Illiade› et de l'‹Odyssée›
Horace ... Quintus Horatius Flaccus (65–8) Poète latin
le Jansénisme ... mouvement chrétien très répandu en France au 17e siècle, marqué par une religiosité ascétique et une morale très sévère
La Bruyère ... Jean de la Bruyère (1645–1696) Moraliste, auteur des ‹Caractères›
La Haye ... capitale des Pays-Bas

Law... John (1671–1729) Financier écossais, responsable de la banqueroute en France de 1720

Leibnitz... *voir Lexique p. 110*

Lesage... Alain René (1668–1747) Auteur du roman picaresque ‹Gil Blas›

Lescalopier de Nourar... Charles Armand (1709–1779) Juriste et littérateur

Locke... John (1632–1704) Philosophe anglais

Mademoiselle de Lubert... Marguerite de Lubert (1710–1779) Ecrivain

Lulli... Jean Baptiste (1632–1687) Compositeur d'origine italienne et collaborateur de Molière

Machault... Jean-Baptiste Machault d'Arnouville (1701–1794) Homme politique

Marivaux... Pierre Carlet de Chamblain de Marivaux (1688–1763) Auteur dramatique

Marx... Karl (1818–1883) Philosophe et homme politique

Mentor... personnage du roman ‹Les Aventures de télémaque› (1699) de François de Salignac de La Mothe Fénelon

Milton... John (1608–1674) Poète anglais, auteur de ‹Paradise Lost›

Molière... Jean-Baptiste Poquelin (1622–1673) Auteur dramatique et comédien

Molina... Luis (1536–1600) Jésuite espagnol

Montaigne... Michel Eyquem de Montaigne (1533–1592) Ecrivain, l'auteur des ‹Essais›

Morelly... (1715–?) Philosophe français qui expose dans son œuvre un communisme primitif

Palestrine... ville près de Rome

Paméla... héroïne du roman ‹Pamela or Vertue Rewarded› (1740) de Samuel Richardson

le Panthéon... monument à Paris où reposent les grands hommes et femmes de la nation française

le Parlement... cour de justice

Pascal... Blaise (1623–1662) Savant, penseur et écrivain, auteur des ‹Pensées›

Madame de Pompadour... Jeanne Antoinette Poisson marquise de Pompadour (1721–1764) Maîtresse de Louis XV

Prévost... abbé Antoine François Prévost d'Exiles (1697–1763) Romancier

la Propontide ... la mer de Marmara entre les Dardanelles et le Bosphore

les Quakers ... secte en Angleterre et en Amérique du Nord

la querelle des Bouffons ... dispute entre les partisans de la musique italienne et ceux de la musique française en 1752

Rabelais ... François (1494–1553) Ecrivain, auteur de ‹Pantagruel› et de ‹Gargantua›

Raphaël ... Raffaello Sanzio (1483–1520) peintre italien

la Régence ... l'époque de 1715 à 1723 pendant laquelle le Régent Philippe d'Orléans assura le gouvernement durant l'enfance de Louis XV

Richardson ... Samuel (1689–1761) Romancier anglais

Richelieu ... Louis François Armand de Vignerot du Plessis duc de Richelieu (1696–1788) Petit-neveu du Cardinal de Richelieu et maréchal de France

Rousseau ... Jean-Jacques (1712–1778) Ecrivain et philosophe suisse

Saint-Juste ... Louis Antoine de Saint-Juste (1767–1794) Homme politique sous la Révolution

Servet ... Michel (1509–1553) Théologien, philosophe et médecin espagnol. Il fut brûlé vif à Genève à cause de ses thèses peu orthodoxes

un Socinien ... adhérant de la doctrine du réformateur italien Socin = Lelio Sozini (1515–1562)

la Sorbonne ... l'université de Paris

Thiériot ... Claude, ami de Voltaire

Tronchin ... Théodore, médecin de Voltaire et son ami

Turgot ... Anne Robert Jacques baron de l'Aulne (1727–1781) Homme politique et économiste

Vauban ... Sébastien Le Prestre de Vauban (1633–1707) Maréchal de France

Virgile ... Publius Vergilius Maro (70–19) Poète latin

Zadig ... personnage du conte de Voltaire ‹Zadig ou la Destinée› (1747)

Bibliographie

Ausgaben:

Deloffre, Frédéric / van den Heuvel, Jacques: Romans et Contes de Voltaire
‹La Pléiade›: Gallimard 1979 (historisch-kritische Ausgabe)

Baldischwieler, Thomas: Voltaire: Candide ou l'Optimisme
Fremdsprachentexte
Reclam: Stuttgart 1987 (Text nach Deloffre u. a., mit dt. Wort- und Sacherklärungen)

Bousserain, Nicolas: Voltaire: Candide
Coll. Le Français universel
Hatier: Paris 1968 (vorsichtig adaptierte Version, auf 3000 Wörtern beruhend)

Goldzink, Jean: Voltaire: Candide ou l'Optimisme
Coll. textes et contextes
Magnard: Paris 1985 (Erklärungen, Kommentare u. viele wichtige Zusatztexte)

Walter, Heribert: Voltaire: Candide ou l'Optimisme
L'espace littéraire
Hirschgraben: Frankfurt/M. 1980 (für Schülerhand gekürzt, Wort- und Sacherklärungen meist auf frz., nützliche Fragestellungen u. Übungen, Zusatztexte)

Übersetzungen:

Voltaire: Candide oder die beste der Welten
a. d. Frz. übertragen von Ernst Sander
Reclam: Stuttgart 1957

Voltaire: Candide
ins Dt. übersetzt von Stefan Hermlin, mit Bildern von Michael Mathias Prechtl und einem Nachwort von Hans Mayer
Büchergilde Gutenberg: Frankfurt/M. u. Wien 1989

Weitere Interpretationen:

Gaillard, Pol: Candide
Profil d'une œuvre, Hatier: Paris 1972

Simounet, Annie:
Candide et autres contes (Zadig, l'Ingénu)
Lectoguide, Editions Pédagogie moderne 1979

Zur Biographie Voltaires:

Holmsten, Georg: Voltaire
Rowohlts Monographien, Rowohlt: Reinbek 1971

Orieux, Jean: Voltaire ou la royauté de l'esprit
Flammarion; Paris 1966 (auch als Taschenbuch)
deutsch: Das Leben des Voltaire (Insel, Frankfurt/M.)

Pomeau, René: Voltaire
Ecrivains de toujours, Le Seuil: Paris 1955 (reichhaltiges Bildmaterial)